AKADEMIEKONFERENZEN

Band 7

Wissenschaft und Gesellschaft

Begegnung von Wissenschaft
und Gesellschaft
in Sprache

Herausgegeben von
PAUL KIRCHHOF

im Auftrag der Heidelberger Akademie
der Wissenschaften,
Akademie der Wissenschaften
des Landes Baden-Württemberg

Symposion
zur Hundertjahrfeier
der Heidelberger
Akademie der Wissenschaften

Universitätsverlag
WINTER
Heidelberg

Bibliografische Information der Deutschen Nationalbibliothek

Die Deutsche Nationalbibliothek verzeichnet diese Publikation
in der Deutschen Nationalbibliografie;
detaillierte bibliografische Daten sind im Internet
über *http://dnb.d-nb.de* abrufbar.

ISBN 978-3-8253-5753-5

Dieses Werk einschließlich aller seiner Teile ist urheberrechtlich geschützt. Jede
Verwertung außerhalb der engen Grenzen des Urheberrechtsgesetzes ist ohne
Zustimmung des Verlages unzulässig und strafbar. Das gilt insbesondere für
Vervielfältigungen, Übersetzungen, Mikroverfilmungen und die Einspeicherung
und Verarbeitung in elektronischen Systemen.

© 2010 Universitätsverlag Winter GmbH Heidelberg
Imprimé en Allemagne · Printed in Germany
Druck: Memminger MedienCentrum, 87700 Memmingen

Gedruckt auf umweltfreundlichem, chlorfrei gebleichtem
und alterungsbeständigem Papier

Den Verlag erreichen Sie im Internet unter:
www.winter-verlag-hd.de

PAUL KIRCHHOF
Vorwort 7

WOLFGANG RAIBLE
Die Suche nach der vollkommenen Sprache 11

LUDWIG EICHINGER
Vom Nutzen der eigenen Sprache in der Wissenschaft– am Beispiel des heutigen Deutsch 27

HANS GÜNTER DOSCH
Formale Sprache und Umgangssprache in den Naturwissenschaften 45

OTFRIED HÖFFE
Paradoxie, Dialog, Abhandlung, Aphorismus: Die vier Kardinalsprachen der Philosophie 57

NORBERT LAMMERT
Politik und Wissenschaft. Anmerkungen zu einem schwierigen Verhältnis 71

PAUL KIRCHHOF
Die Sprache des Rechts 77

PETER GRAF KIELMANSEGG
Die Sprachlosigkeit der Sozialwissenschaften 93

HANS MOHR
Die Sprachen der Biologie 103

JOSEF HONERKAMP
Die Sprache der Physik 107

BERNHARD HASSENSTEIN
Plädoyer für die Umgangssprache – Definition, Injunktion, Konnotation .. 115

Autorenverzeichnis 133

Vorwort

Wenn Menschen sich begegnen, sprechen sie miteinander. Ein sprachloses Aufeinandertreffen ist nicht menschlich. Doch ist der Sprechende sich nie gewiss, ob der Angesprochene ihn so versteht, wie er sich mitzuteilen hofft. Das gilt für das Gespräch zwischen Eltern und Kind, Lehrer und Schüler, Professor und Student oder der Wissenschaftler untereinander. Je eigenständiger die Menschen ihre Erfahrungen und Einsichten gewinnen, desto mehr laufen sie Gefahr, die kulturellen Grundlagen gemeinsamen Sprechens zu verlieren. Wenn der Wissenschaftler sich immer mehr in seinem Fachgebiet vertieft, sein Beobachten und Verstehen in einer eigenen Sprache ausdrückt, schränkt er damit die Verständigungsmöglichkeit mit anderen Wissenschaften und mit der Gesellschaft ein.

Sprache ist Ausdruck des Denkens, der Stärke oder Schwäche einer Beobachtung, einer Einsicht, eines Willens; der Bereitschaft, dem anderen zu begegnen oder Distanz zu wahren, ihn in die Gesellschaft einzubeziehen oder auszugrenzen, vom anderen verstanden zu werden oder sich von ihm abzuheben.

Die Sprache wird auch durch ihren Gegenstand bestimmt. Wer über die Natur spricht, denkt eher in Gesetzmäßigkeiten, wer über den Menschen spricht, eher in Individualität, Freiheit und Willen. Richtet sich der Blick in die Vergangenheit, spricht vor allem Erfahrung, Bewertung, Urteil. Blicken wir in die Zukunft, sprechen wir in Erwartung, Angst oder Hoffnung. Die Alltagssprache handelt von Menschlichem und Üblichem, Vertrautem und Gewohntem. Philosophie und Theologie suchen das den Menschen Übersteigende auszudrücken. Es gibt Sagbares und Unsägliches, Zerbrechliches und Unverbrüchliches, Abstimmbares und Unabstimmbares.

Die Wissenschaft steht vor der Aufgabe, die einzelnen Fachdisziplinen untereinander, aber auch in der Begegnung mit der Gesellschaft sprechfähig zu halten. Die Wissenschaften bestimmen mehr denn je unsere Art zu leben, können sie verbessern und auch gefährden. Deswegen sucht der Mensch in eigener Sache, aber auch die Politik in Verantwortung für das Gemeinwohl das Gespräch mit der Wissenschaft. Würden Wissenschaft und Gesellschaft einander nicht mehr verstehen, würde die Wissenschaft ein Stück ihrer Lehr- und Publikationsfähigkeit einbüßen, die Gesellschaft ihre Kulturfähigkeit und ihre demokratische Selbstbestimmung verringern. Wir müssen trotz der atemberaubenden Erfahrung immer neuen Wissens, Denkens und Urteilens in Sprache begegnungsfähig bleiben.

Am Anfang steht die Suche nach der vollkommenen Sprache (Wolfgang Raible). Sie macht bewusst, dass die Vielfalt der Welt nicht mit Hilfe einer begrenzten Zahl eindeutiger Zeichen erfasst werden kann. Eine vollkommene Sprache wird es niemals geben, weil die Welt sich nicht in ein Schema fügt, der Mensch in Freiheit seine Sprache ständig ändert und sich nicht völlig in Regelmäßigkeiten erfassen und binden lässt.

Der zweite Blick richtet sich auf den Nutzen der eigenen – der deutschen – Sprache (Ludwig M. Eichinger), die eine Wissensgemeinschaft, eine Nation bildet, kulturell formt, der Demokratie eine Grundlage gibt. Jede Sprache erschließt eigene, ihr eigentümliche Ausdrucksmöglichkeiten, öffnet ein Fenster in eine je eigene Kultur, gibt damit aber auch dem Erlernen von Fremdsprachen in der Vielfalt des Denkens, Erfahrens und Erlebens einen besonderen Reiz.

Bei der Frage nach den formalen Sprachen in den Wissenschaften (Hans Günter Dosch), der Sprache der naturwissenschaftlichen Publikationen im Gegensatz zum informalen Laborjargon, begegnen wir einer engen Beziehung zwischen poetischer und wissenschaftlicher Sprache, weil beide versuchen, das eigentlich Unbeschreibbare zu beschreiben. Die Physik entwickelt eine Sprache, um kühne Spekulationen als solche zu bezeichnen und ihnen dennoch vertrauensvoll zu folgen. Aus der sich dort entwickelnden Skepsis gegen eine scharfe Trennung von Theorie und Fakten entfaltet der Physiker die Freiheit zu einer „recht kecken" Sprache.

Die Philosophie entdeckt vier Kardinalsprachen ihrer Disziplin, die Paradoxie, den Dialog, die Abhandlung und den Aphorismus (Otfried Höffe). Sie schätzt die Sprache des scharfsinnigen Arguments, erlebt aber in der Sprache, logos, die Vieldeutigkeit und Vielseitigkeit dieses Ausdrucks für Sprache. Die Philosophie beginnt mit Staunen, nicht einem Bewundern, sondern einem skeptischen Sich-wundern, weiß, dass kreatives Denken den Sprachschöpfer braucht, dass Denken und Mitteilen sich in Sprache entsprechen müssen, dass Sprache deswegen so vielfältig ist wie menschliches Begegnen und Sprechen.

Die durch den Lebensbereich und die Aufgabe unterschiedenen Sprachen treffen besonders gegenläufig in der Begegnung von Politik und Wissenschaft aufeinander, einem schwierigen Verhältnis (Norbert Lammert). Wissenschaft will wissen, Politik will verändern. Wissenschaft sucht den Dialog zu pflegen, der der Wahrheit verpflichtet ist, Politik den Diskurs, der Verständigung oder Mehrheit sucht. Hinzu tritt die Erfahrung, dass die Politisierung der Politikberatung, die Demokratisierung des Expertenwissens die Autorität der Wissenschaft schwächt, dass die Politik zwischen Wissenschaft, Kunst, Handwerk und schlichtem Pragmatismus ihre Aufgabe immer wieder neu, sich gegen Gesetzlichkeiten wehrend, definiert. Doch die ewige Suche nach Gewissheit eint Wissenschaft und Politik. Der Anspruch auf Wahrheit ist dem menschlichen Denken eigen, legitimiert aber nicht Herrschaft über andere und rechtfertigt nicht den Inhalt einer politischen Entscheidung.

Vorwort

Das Recht ist teilweise Ergebnis politischen, mehrheitlichen Entscheidens, erwächst teilweise aus der Fähigkeit des Menschen, über sich hinaus zu denken. Die unverbrüchlichen Menschenrechte stehen ebenso wenig zur Entscheidung der Politik wie die Erfahrung, dass der Mensch essen, schlafen, sich kleiden, sich gegen Naturgewalten schützen muss. Die Sprache des Rechts (Paul Kirchhof) muss diese Strukturen von vorgefundenem und entschiedenem Recht, von Unabstimmbarem und Abstimmbarem aufdecken. Das allgemeine Gesetz soll möglichst jedermann ansprechen. Es soll in der Offenheit des Rechts für die Wirklichkeit die Realität des Menschen, seiner Bedürfnisse und Lebensumstände aufnehmen. Der verbleibende Entscheidungsraum erschließt den Ablauf von Recht setzen und Recht anwenden als einen Sprechvorgang – beginnend beim Parlament bis zur Recht-Sprechung.

Die Sprachlosigkeit der Sozialwissenschaften (Peter Graf Kielmansegg) handelt von einer höchst beredten Wissenschaft, die – „sprechend sprachlos" – erneut die Eigenheit der jeweiligen Fachdisziplin bewusst macht. Sie pflegt eine eigene Sprache, um mehr zu sagen, als jedermann über die für ihn täglich erfahrbare soziale Wirklichkeit sagen könnte (Verfremdungseffekt), um in einer Teilmathematisierung gleichsam eine „Physik der Gesellschaft" zu entwickeln (Formalisierung), nicht selten auch, um ihren Gegenstand zu einem vollkommen autarken System zu machen, sich ihre Welt, beschreibend und erklärend, selbst zu errichten (Wissenschaftsautismus). Die Forderung nach einem gelassenen Selbstbewusstsein dieser Wissenschaft klingt zusammen mit der Erwartung nach einer der Öffentlichkeit zugewandten, nicht esoterischen Sprache.

Die Sprache der Biologie (Hans Mohr) spiegelt ebenfalls die eigenen Ziele, Methoden und Inhalte ihres modernen Wissens, muss aber den Jedermann einbeziehen, weil die Erkenntnisse über das Leben, die Gene, das Bewusstsein, den freien Willen, die verschiedenen Energien jeden Bürger betreffen, ihn deshalb zum Mitreden veranlassen. Doch die Verstehenshorizonte dieser Partner eines notwendigen Gesprächs liegen weit auseinander. Deshalb brauchen wir eine Kultur des Sprechens und Zuhörens, vielleicht in jeder Regierung einen Wissenschaftsberater, der Sachwissen in die politische Entscheidung einfließen lässt.

Auch die Sprache der Physik (Joseph Honerkamp) ist Expertensprache, die Jedermann unmittelbar betrifft. Wenn die Physik die Kometen und Finsternisse, Sonne und Mond, Blitz und Donner, Atome und deren Bausteine, Bewegung und Wärme erklärt, will und soll der Jedermann dieses verstehen. Doch die Physik gewinnt in der mathematischen Sprache ihre Exaktheit, vertraut auf die Macht mathematisch formulierter Gesetze, entzieht sich in den so formulierten Hypothesen und Experimenten der Mehrdeutigkeit von Worten, den unterschiedlichen Vorverständnissen, erschließt sich durch die mathematische

Sprache Vermutungen und Einsichten in die Natur, die der Alltagssprache so nicht möglich wären.

Schließlich kehren unsere Überlegungen zur Umgangssprache zurück, die eine Brücke nicht nur zwischen Wissenschaft und Gesellschaft schlägt, sondern auch die Informationen zwischen den unterschiedlichen Disziplinen der Wissenschaften vermittelt (Bernhard Hassenstein). Auch wenn immer mehr Wissenschaften ihre facheigene Sprache brauchen, in der allein sie verstehen, denken und sich austauschen, bleibt ein Ziel jeder Wissenschaft, das Erkannte so zu Ende zu denken, dass es in Umgangssprache an die Allgemeinheit vermittelt werden kann.

Ein schwieriger Dialog zwischen Wissenschaft und Gesellschaft muss immer wieder neu beginnen. Jeder Anfang enthält die Chance, auch schwieriges und unwegsames Gelände zu erschließen. Jede Kultur, so sagt man, beginnt mit Rodung.

Heidelberg im Herbst 2009

Paul Kirchhof

Wolfgang Raible

Die Suche nach der vollkommenen Sprache

1. Einige Klärungen vorab

Eines der Probleme, die durch das Projekt einer vollkommenen Sprache gelöst werden sollten, ist die Polysemie, die Zeichen natürlicher Sprachen unweigerlich aufweisen. Um hierfür gleich ein Beispiel zu geben, sei die Polysemie des Zeichens „Sprache" erläutert – zu Beginn eines Symposions zum Thema „Wissenschaft und Gesellschaft. Ihre Begegnung in der Sprache" sicher ein nicht ganz deplaziertes Vorhaben.

Wir reden beispielsweise von der „Sprache der Bienen" oder von tierischer Kommunikation. In diesem Zusammenhang ist es nützlich, auf einen grundlegenden Unterschied zu menschlichen Sprachen hinzuweisen: Tiere kommunizieren situationsbezogen. Menschen können dagegen über Dinge sprechen, die vergangen sind, über solche, die gegenwärtig und vor allem auch über solche, die zukünftig oder sogar fiktional sind. Eine zweite Verwendungsweise betrifft solche Formulierungen wie „die Sprache Konrad Adenauers": Hier ist der individuelle Sprech- oder Schreibstil gemeint. Eine dritte Verwendungsweise liegt in Formulierungen wie „die Sprache der Soziologie" vor. Dabei geht es um „Sprache" als Fachsprache, also um die Version einer natürlichen Sprache, in der sich Fachleute in Fachtexten und -kontexten ausdrücken. In einem Titel wie: „Aphorismus, Dialog, Abhandlung: Sprachen der Philosophie" meint „Sprache" dagegen verschiedene Sprechweisen (Diskurstraditionen oder Gattungen) innerhalb einer oder mehrerer Einzelsprachen. Schließlich gebrauchen wir „Sprache" auch noch in Wendungen wie „die Sprache der Mathematik". Dabei handelt es sich um sekundäre semiotische Systeme, die auf der Basis eines primären semiotischen Systems, hier einer natürlichen Sprache, erworben und aufgebaut werden. – Die Bedeutung, in der der Begriff „Sprache" im vorliegenden Beitrag verwendet wird, ist die generelle, in der es um das menschliche Kommunikationsmittel „Sprache" geht.

Bevor ich zum eigentlichen Thema kommen kann, der Suche nach einer vollkommenen Sprache, ist noch zu klären, was das Wesentliche am Funktionieren solcher historischer Einzelsprachen wie Thai, Deutsch, Koreanisch, Französisch, Gusiilay oder Spanisch ist. Ganz einfach ausgedrückt basieren Sprachen auf einem System geregelter Kombinatorik. Am leichtesten ist dies am Beispiel der Syntax zu erläutern: Sätze wie „er arbeitet gern und viel", „Rudolf liest schnell und zügig", „die Maschine läuft sicher und zuverlässig" weisen alle dasselbe syntaktische Schema auf: Ein nominales Element, ein Verb und zwei durch „und" verbundene Adverbien. Allgemeiner gesprochen: In einem Satz werden bestimmte Wortarten (Nomina, Verben, Adjektive, Adverbien, Präpositionen etc.) miteinander kombiniert, wobei nur ganz bestimmte Kombinationen zugelassen sind.

Was für die Syntax gilt, gilt auch in der Morphologie; auf der Lautebene gilt dasselbe für die Kombination von Phonemen: Beispielsweise sind nicht alle Phoneme, die im Deutschen möglich sind, miteinander kombinierbar. Generell gesprochen kann man sagen, dass die Syntax einen groben Rahmen für die Kombinatorik bildet, während die Semantik der Bedeutung tragenden Elemente, die in den syntaktische Rahmen eingesetzt werden, für die Feinabstimmung der zu übermittelnden Botschaft sorgt.

2. Der Mythos vom Turmbau zu Babel

Nun zum eigentlichen Thema. Wer von der Suche nach der vollkommenen Sprache spricht, zitiert automatisch den Mythos vom Turmbau zu Babel. Danach ist die Vielfalt menschlicher Sprachen eine Strafe, die Gott für die Überheblichkeit der Menschen verhängt hat. Dieser Mythos ist wieder und wieder behandelt worden. Ein Mitglied der Heidelberger Akademie, Arno Borst (1925-2007), hat dem Thema eine gewaltige Habilitationsschrift gewidmet.[1]: Zusammen mit einem einschlägigen Werk von Louis Couturat und Léopold Léau[2] sind Borsts Forschungen in ein recht bekanntes Buch von Umberto Eco eingegangen.[3]

Man kann anhand von Ecos Werk den Umgang mit dem Thema grob in zwei Phasen einteilen. In eine Phase bis zum und eine Phase ab dem 17. Jahrhundert. Vor dem 17. Jahrhundert geht es vor allem um hermetische, kabbalistische Konzeptionen; um die Frage, was die Sprache Adams gewesen sein könnte, den Gott ja die richtigen Bezeichnungen lehrte; ob Hebräisch die Ursprache sei, ob die ägyptischen Hieroglyphen (die man damals noch nicht entziffert hatte) oder die Ideogramme des Chinesischen so etwas wie die vollkommene Sprache darstellen könnten. Ab dem 17. Jahrhundert geht es dagegen vordringlich darum, sich Gedanken darüber zu machen, wie eine neue vollkommene Sprache auszusehen hätte. Dabei ist die Polysemie der Zeichen natürlicher Sprachen ein zentraler Grund dafür, wieso nun nach einer apriori-

---

[1] Arno Borst, Der Turmbau von Babel: Geschichte der Meinungen über Ursprung und Vielfalt der Sprachen und Völker, 4 Bände, 1957-1963.
[2] Louis Couturat und Léopold Léau, Histoire de la langue universelle. 1903.
[3] Umberto Eco, Alla ricerca della lingua perfetta nella cultura europea, 1993. In deutscher Übersetzung trägt das Werk den Titel Die Suche nach der vollkommenen Sprache, 1994

schen Universalsprache gesucht wird. In einer solchen Universalsprache soll also insbesondere beseitigt werden, was in der Phase zuvor noch als Ideal angesehen wurde: Die Vieldeutigkeit von Wörtern („Urworte"). Wichtig wird dafür allerdings ein Autor, der in die Phase vor 1700 gehört, Raimundus Lullus.

3. Entdeckung der Leistung von Kombinatorik

Der Katalane Raimundus Lullus oder Ramón Llull (1232-1316) war ein viel- und weit gereister Mann. Er schrieb in katalanischer, lateinischer und arabischer Sprache. Durch seine Kontakte mit Mathematikern in Nordafrika entdeckte er die Prinzipien der Kombinatorik, die für sein Werk grundlegend wurden: Llull, ein Fanatiker der Neunzahl, hat sechs Serien von jeweils neun Prinzipien aufgestellt, die in sich und miteinander kombinierbar sind. Die Prinzipien sind so gestaltet, dass sie – aus seiner Sicht – Anhänger aller monotheistischen Religionen billigen können. Ihre Kombination soll zu wahren Sätzen führen, die wiederum von Angehörigen anderer Glaubensgemeinschaften anerkannt werden können – sein Ziel war es schließlich, Judentum, Christentum und Islam wieder zu vereinen.

Um eine solche Kombinatorik zu formalisieren, bediente er sich u.a. eines Schemas aus konzentrischen Kreisen mit jeweils neun Sektoren, jeweils mit den Buchstaben B bis K benannt. Stellt man sich die konzentrischen Kreise als Scheiben vor, die sich um dieselbe Achse drehen lassen, so kann man durch Drehen der Kreisscheiben alle möglichen Kombinationen feststellen und dann mit Hilfe der sechs Tabellen zu Sätzen ausformulieren. Kombiniert man beispielsweise B und C als absolute Prinzipien (sie stehen dann für Güte und Größe, bonitas und magnitudo), so kann man formulieren: „die Güte ist groß" oder „die Größe ist gut" etc.

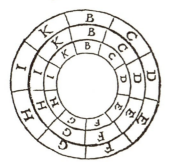 

Kombinatorik: Zwei Darstellungen aus einer Druckausgabe von Lullus *Ars Magna* aus dem Jahr 1512. Die linke dient der Erzeugung von Kombinationen, die rechte zeigt alle Kombinationsmöglichkeiten der neun absoluten Prinzipien untereinander. Der Buchstabe A (im Zentrum des zweiten Schemas) ist bei Lullus Gott vorbehalten.

4. Eine neue Stoßrichtung im 17. Jahrhundert: Ein folgenreicher Brief von Descartes

Dieser Grundgedanke einer Kombinatorik geht nun in einen Brief ein, den René Descartes am 20. November 1629 an den Révérend Père Marin Mersenne geschrieben hat. Basis ist der (ungenannte) Lullus – ausdrücklich erwähnt ist Lullus, zusammen mit Descartes, in der 1666 verfassten Dissertation des zwanzigjährigen Leibniz (*Dissertatio de arte combinatoria*). Da der Text von Descartes durch seinen Bekanntheitsgrad für alle kommenden Überlegungen zur vollkommenen Sprache grundlegend ist, soll er, in seinem entscheidenden Passus, wörtlich zitiert werden.

Au reste, je trouve qu'on pourroit adjouter à cecy une invention, tant pour composer les mots primitifs de cette langue, que pour leurs caracteres, en sorte qu'elle pourroit estre enseignée en fort peu de tems, et ce par le moyen de l'ordre, c'est-à-dire, establissant un ordre entre toutes les pensées qui peuvent entrer en l'Esprit humain, de mesme qu'il y en a naturellement etabli entre les nombres; et comme on peut apprendre en un jour à nommer tous les nombres jusques à l'infini, et à les ecrire, en une langue inconnue, qui sont toutesfois une infinité de mots differens; qu'on pust faire le mesme de tous les autres mots en l'esprit des hommes; si celuy estoit trouvé, je ne doute point que cette langue n'eust bien tost cours parmy le monde, car il y a force gens qui employeroient volentiers cinq ou six jours de tems pour se pouvoir faire entendre par tous les hommes. L'invention de cette langue depend de la vraye Philosophie; car il est impossible autrement de denombrer toutes les pensées des hommes, et de les mettre par ordre, ny seulement de les distinguer en sorte qu'elles soient

Im Übrigen finde ich, dass man dem eine Erfindung hinzufügen könnte, die sowohl dazu dient, die einfachen Wörter dieser Sprache als auch ihre Schriftzeichen darzustellen, dergestalt, dass sie in ganz kurzer Zeit unterrichtet werden könnte; und dies mittels der Ordnung, das heißt indem man eine Ordnung zwischen all den Gedanken herstellt, die in den menschlichen Geist eindringen können, eine Ordnung, wie sie auf natürliche Weise zwischen den Zahlen besteht; und so, wie man an einem einzigen Tag lernen kann, die Zahlen bis unendlich zu zählen, und sie auch in einer unbekannten Sprache zu schreiben, und dies, obwohl es sich um eine unendliche Zahl unterschiedlicher Wörter handelt; dass man mit allen anderen Wörtern im menschlichen Geist genauso verfahren könnte; würde dies gelingen, so zweifle ich nicht daran, dass man diese Sprache auf der ganzen Welt verwenden würde, denn es gibt viele Leute, die gerne fünf oder sechs Tage ihrer Zeit opfern würden, um sich mit allen Menschen verständigen zu können. Die Erfindung dieser Sprache hängt von der claires et simples; qui est à mon advis le plus grand secret qu'on puisse avoir pour acquerir la bonne science; et si quelqu'un avoit bien expliqué quelles sont les idées simples qui sont en l'imagination des hommes, desquelles se compose tout ce qu'ils pensent et que cela fust receu par tout le monde, j'oserois esperer ensuite une langue universelle fort aisée à apprendre, à prononcer et à ecrire, et, ce qui est le principal, qui ayderoit au jugement, luy representant si distinctement toutes choses, qu'il luy seroit presque impossible de se tromper; au lieu que tout au rebours, les mots que nous avons n'ont quasi que des significations confuses, ausquelles l'esprit des hommes s'estant accoutumé de longue main, cela est cause qu'il n'entend presque rien parfaitement. Or je tiens que cette langue est possible, et qu'on peut trouver la Science de qui elle dépend, par le moyen de laquelle les paysans pourroient mieux juger de la verité des choses, que ne font maintenant les philosophes.

wahren Philosophie ab; denn anders ist es unmöglich, alle menschlichen Vorstellungen aufzuzählen und sie in Relation zueinander zu setzen, nicht einmal sie in einer klaren und einfachen Weise dingfest zu machen. Dies ist meiner Ansicht nach das größte Geheimnis, wenn es darum geht, wahre Wissenschaft zu erwerben; und wenn jemand in einsichtiger Weise erklärt haben würde, was die einfachen Elemente in der menschlichen Vorstellung sind, aus denen sich alles zusammensetzt, was wir Menschen denken; wenn dies von aller Welt anerkannt würde, so könnte ich mir in ihrem Gefolge eine Universalsprache vorstellen, die ganz leicht zu lernen, auszusprechen und zu schreiben wäre, und, was die Hauptsache ist, die die menschliche Urteilskraft unterstützen würde, indem sie ihr alles so klar unterschieden darstellen würde, dass es ihr fast unmöglich wäre, sich zu täuschen; im Gegensatz dazu haben die Wörter, über die wir verfügen, fast ausschließlich konfuse Bedeutungen, und da sich der menschliche Geist von langer Hand daran gewöhnt hat, führt dies dazu, dass man fast nichts vollkommen versteht. Ich halte diese Sprache für möglich und auch, dass man die Wissenschaft finden kann, von der sie abhängt; mit ihrer Hilfe könnte ein einfacher Mann besser über die Wahrheit der Dinge urteilen als dies heute die Freunde der Weisheit tun.[4]

---

[4] René Descartes, Brief an Marin Mersenne vom 20. November 1629, Text aus: Œuvres de Descartes. Publiées par Charles Adam et Paul Tannery, tome I, Correspondance: Avril 1622-Février 1638, Léopold Cerf, 1897, S. 76. – Übers. W.R

Descartes möchte mit diesen Überlegungen drei Probleme lösen:

- Es geht darum, die Vielfalt der Sprachen mit dem geringstmöglichen Aufwand auf eine Universalsprache zu reduzieren;
- auf diese Weise soll auch die Polysemie der Zeichen natürlicher Sprachen aufgehoben werden;
- der Wahrheitswert von Aussagen soll auf diese Weise leicht zu überprüfen sein.

Die Basis einer solchen Kombinatorik wären kleinste Bedeutungseinheiten, die man zuvor gefunden haben müsste. Dies sei Aufgabe der „wahren Philosophie".

5. Eine praktische Umsetzung und ihre Probleme: John Wilkins

Descartes selbst hat sich nicht an die praktische Arbeit gemacht. Auch Leibniz, der später (Leibniz, *De scientia universali seu calculo philosophico*, 1684) ein ganz ähnliches Konzept für eine Universalsprache auf der Basis der Kombinatorik kleinster Einheiten entwickelt, hat dies, wie schon in der genannten *Dissertatio* von 1766, nur für kleine Teilbereiche ausgeführt.[5] Der Einzige, der

---

[5] Einiges aus Leibniz' späterer Schrift: „Alles menschliche Denken vollzieht sich mittels bestimmter Zeichen oder Charaktere." – Zeichen sind handliche Abkürzungen für wesentlich Komplexeres. – „Die gewöhnlichen Sprachen sind jedoch, obwohl sie dem logischen Räsonnement dienen, zahllosen Missverständnissen ausgesetzt und können daher nicht zum Rechnen benutzt werden..." (wie in Algebra und Arithmetik.) – „Bei gründlichem Nachdenken über dieses Thema schien mir klar, dass alle menschlichen Gedanken sich zur Gänze in wenige Grundgedanken auflösen lassen, die man als elementare betrachten kann." – Den elementaren Grundgedanken solle man Charaktere zuweisen und komplexere Inhalte aus einfacheren aufbauen und so durchsichtig machen. – „Hat man dies einmal getan, würde, wer sich der so beschriebenen Charaktere beim Denken und Schreiben bediente, entweder niemals Fehler machen oder sie mit Hilfe sehr einfacher Prüfungen immer von selbst erkennen, seien es die eigenen oder die der anderen." Es handelt sich also genau um das Programm von Descartes (Leibniz besitzt diesen Text in Abschrift) und das, was Wilkins (dessen Arbeit er natürlich ebenfalls kennt) versucht hat. Er hält es für möglich, ein solches System „von unten her", sprich ausgehend von systematisierbaren Teilbereichen, aufzubauen. Er hat den Passus nämlich in folgender Form kommentiert: «Cependant quoyque cette langue depende de la vraye philosophie, elle ne depend pas de sa perfection. C'est-à-dire cette langue peut estre etablie, quoyque la philosophie ne soit pas parfaite: et à mesure que la science des hommes croistra, cette langue croistra aussi. En attendant elle sera d'un secours merveilleux et pour se servir de ce que nous sçavons, et pour voir ce qui nous manque, et pour inventer les moyens d'arriver, mais sur tout pour exterminer les controverses dans les matieres qui dependent du raisonnement. Car alors raisonner et calculer sera la même chose.» (Opuscules et fragments inédits de Leibniz, éd. Couturat; Paris : Alcan, 1903, S. 27-28.)

versucht hat, die Aufgabe flächendeckend zu erledigen, war ein englischer Bischof, John Wilkins.

Wilkins war ohne Zweifel einer der großen Wissenschaftler seiner Zeit. Er ist auch der Einzige, der jemals sowohl ein College in Oxford wie auch eines in Cambridge geleitet hat. Er zählt zu den Gründungsmitgliedern der Royal Society, also jener Gesellschaft, die sich der Pflege der neuen empirischen Wissenschaften verschrieben hatte, und er war deren erster Sekretär. Dieser Mann publizierte nun ein Buch mit dem Titel *An Essay towards a Real Character and a Philosophical Language*.[6] Zu diesem Zweck projizierte er ein Netz aus 40 so genannten Genera auf die Welt: Jedes dieser Genera ist spezifizierbar nach neun „Differenzen" und jede dieser Differenzen wiederum nach neun „Spezies". Dies ergibt also 40x9x9 = 3240 Bezeichnungsmöglichkeiten.

Ein Beispiel zur Illustration: Das siebte Genus ist für Elemente vorgesehen. Symbolisiert wird es durch „De". Die erste Differenz, symbolisiert durch „B", steht für das Element „Feuer"; dessen Bezeichnung ist folglich „DeB"; die fünfte Differenz zum Element „Feuer", zu symbolisieren durch ein „T", steht für „Meteor", zu symbolisieren also als „DeT". Die erste Spezies zum Meteor DeT bekommt als Signal ein zusätzliches Alpha: DeTα. Sie ist vorgesehen für den Regenbogen. DeTa –das „a" steht für die zweite Spezies einer Differenz– ist dagegen die Bezeichnung für „Halo". – Jede dieser Bezeichnungen schließt Polysemie aus, sie ist also völlig eindeutig. Man muss dazu freilich das System der Welt kennen, das Wilkins uns vorschlägt, und das, wie man schon hier erkennen kann, nicht sonderlich überzeugend ist. Wer könnte schon die Welt in vernünftiger Weise in 40 Genera einteilen?

Eine völlig zutreffende und zugleich amüsante Kritik dieses Systems stammt von Jorge Luis Borges (1899-1986). Er wählt nicht das siebte Genus, die Elemente, sondern das achte und neunte; Wilkins hat sie für die Steine bzw. Metalle vorgesehen.

| *[...] Consideremos la octava categoría, la de las piedras. Wilkins las divide en comunes (pedernal, cascajo, pizarra), módicas (mármol, ámbar, coral), preciosas (perla, ópalo), transparentes (amatista, zafiro) e insolubles (hulla, freda y arsénico). Casi tan alarmante como la octava, es la novena categoría. Esta nos revela* | *[...] Betrachten wir die achte Kategorie, die Steine. Wilkins teilt sie ein in weit verbreitete (Feuerstein, Kiesel, Schiefer), erschwingliche (Marmor, Bernstein, Koralle), wertvolle (Perle, Opal), durchsichtige (Amethyst, Saphir) und unlösliche (Steinkohle, Kalk, Arsen). Fast ebenso alarmierend wie die achte ist die* |

---

[6] John Wilkins, An Essay towards a Real Character and a Philosophical Language, 1668.

que los metales pueden ser imperfectos (bermellón, azogue), artificiales (bronce, latón), recrementicios (limaduras, herrumbre) y naturales (oro, estaño, cobre). Esas ambigüedades, redundancias y deficiencias recuerdan las que el doctor Franz Kuhn atribuye a cierta enciclopedia china que se titula Emporio celestial de conocimientos benévolos. En sus remotas páginas está escrito que los animales se dividen en (a) pertenecientes al Emperador, (b) embalsamados, (c) amaestrados, (d) lechones, (e) sirenas, (f) fabulosos, (g) perros sueltos, (h) incluidos en esta clasificación, (i) que se agitan como locos, (j) innumerables, (k) dibujados con un pincel finísimo de pelo de camello, (l) etcétera, (m) que acaban de romper el jarrón, (n) que de lejos parecen moscas.	*neunte Kategorie. Sie offenbart uns, dass die Metalle unvollkommen sein können (Zinnober, Quecksilber), künstlich (Bronze, Messing), Abfallprodukte (Feilspäne, Rost) und natürlich (Gold, Zinn, Kupfer). Diese Ambiguitäten, Redundanzen und Definitionen erinnern an die, die Dr. Franz Kuhn einer bestimmten [von Borges erfundenen!] chinesischen Enzyklopädie zuschreibt. Dort steht, die Tiere seien einzuteilen in (a) dem Kaiser gehörende, (b) einbalsamierte, (c) zahme, (d) Milchschweine, (e) Sirenen, (f) Fabeltiere, (g) streunende Hunde, (h) hier aufgeführte, (i) sich verrückt gebärdende, (j) unzählbare, (k) mit feinstem Kamelhaarpinsel gemalte, (l) etc., (m) solche, die gerade den Wasserkrug zerbrochen haben, (n) von Ferne wie Fliegen aussehende.[7]*
He registrado las arbitrariedades de Wilkins, del desconocido (o apócrifo) enciclopedista chino [...]; notoriamente no hay clasificación del universo que no sea arbitraria y conjetural. La razón es muy simple: no sabemos qué cosa es el universo.	*Ich habe die Willkürlichkeiten von Wilkins festgehalten, und die des unbekannten (oder apokryphen) chinesischen Enzyklopädisten; es ist klar, dass es keine Klassifikation des Universums gibt, die nicht willkürlich oder konjektural wäre. Der Grund dafür ist ganz einfach: Wir wissen nicht, was das Universum ist.[8]*

---

[7] Das Beispiel aus der apokryphen chinesischen Enzyklopädie hat einen hohen Bekanntheitsgrad erreicht: Michel Foucault hat es nämlich zu Beginn seines Buchs Les mots et les choses: une archéologie des sciences humaines (Paris: Gallimard 1966) zitiert. Es gibt übrigens (mit Borges weniger vertraute) Zeitgenossen, die ernsthaft nach dieser Enzyklopädie gesucht haben. Dr. Franz Kuhn existierte dagegen – er war ein bekannter Übersetzer chinesischer Werke.

[8] Auszug aus Jorge Luis Borges. "El idioma analítico de John Wilkins.", in: Otras Inquisiciones, S. 139-144 [Erstausgabe 1952]. Übers. W.R.

Die Suche nach der vollkommenen Sprache   19

6. In magnis et voluisse satis est – Scheitern kann sogar positive Folgen haben

Die praktische Unmöglichkeit, das von Descartes entworfene Projekt zu realisieren, hat freilich drei wichtige Folgen oder Nebeneffekte gehabt.

Die erste Folge ist, dass die Beschäftigung mit einer *characteristica universalis* bei Leibniz und bei anderen Mathematikern des 17. Jahrhunderts zur Ausbildung einer gut handhabbaren mathematischen Kalkül-Sprache geführt hat. Es geht dabei einerseits um Abkürzung, andererseits um die Ausnutzung der zwei Dimensionen des Schriftträgers. Was dabei entstand, ist ein sekundäres semiotisches System. Seine Genese und vor allem seine praktische Anwend- und Handhabbarkeit ist der zentrale Grund dafür, dass im 17. Jahrhundert mit dem Fortschritt in der Mathematik eine reine Geisteswissenschaft zur entscheidenden Hilfswissenschaft für die sich entwickelnden empirischen Naturwissenschaften wurde. Hierzu sei auf zwei 1991 unabhängig voneinander publizierte Arbeiten hingewiesen.[9]

Die zweite Folge war die Entwicklung wissenschaftlicher Fachsprachen aus dem Lateinischen, das lange Zeit praktisch unangefochten Sprache der Wissenschaft gewesen war. Zur Zeit Dantes wusste man noch nicht, dass das Latein die Mutter der romanischen Sprachen war. Man dachte vielmehr, es sei eine Hilfskonstruktion, um die negativen Folgen des Turmbaus von Babel zu überwinden. Da man Latein mit Hilfe einer Grammatik lernen muss, ist „grammatica" zu dieser Zeit ein Synonym von „Latein". Entsprechendes kann man beispielsweise bei Dante in der Schrift *De vulgari eloquentia* lesen, einem stark sprachpolitischen Traktat, in dem es letztlich darum geht, die theoretische Basis dafür zu etablieren, dass das Italienische zur Schriftsprache werden kann.

Hinc moti sunt inventores gramatice facultatis: que quidem gramatica nichil aliud est quam quedam inalterabilis locutionis ydemptitas diversibus temporibus atque locis. Hec cum de comuni consensu multarum gentium fuerit regulata, nulli singolari arbitrio videtur obnoxia, et per consequens nec variabilis esse potest. Adinvenerunt ergo illam ne, propter	*Wesentlicher Inhalt: Alle Sprachen verändern sich permanent. Daher wurde Latein (=grammatica) als ein von der Veränderung, die Sprachen in Raum und Zeit erfahren, unabhängiges Instrument erfunden (adinvenerunt illam scil. grammaticam), um damit die negativen Konsequenzen des Turmbaus zu Babel zu überwinden.*[10]

---

[9] Sybille Krämer, Berechenbare Vernunft: Kalkül und Rationalismus im 17. Jahrhundert (Quellen und Studien zur Philosophie; 28), 1991; Wolfgang Raible, Die Semiotik der Textgestalt. Erscheinungsformen und Folgen eines kulturellen Evolutionsprozesses, Abhandlungen der Heidelberger Akademie der Wissenschaften, 1991.
[10] Dante Alighieri: „de vulgari eloquentia I, ix (1303/05)

variationem sermonis arbitrio singularium fluitantis, vel nullo modo vel saltim imperfecte antiquorum actingeremus autoritates et gesta, sive illorum quos a nobis locorum diversitas facit esse diversos.

Bei ihrer Entwicklung schöpfen nun die nicht-lateinischen, also volkssprachlichen, Fachsprachen stark aus dem Fundus des Lateins (und später des Griechischen). Ein praktisches Beispiel: Der größte Gelehrte des 14. Jahrhunderts, Nicole Oresme (1323-1382), hat u. a. einen Traktat über Geld verfasst (es ist der erste überhaupt, der Autor ist gleichzeitig Erfinder der zugehörigen Disziplin, der Nationalökonomie, die er mit dem Namen benennt, denn sie heute noch im Französischen –und analog im Englischen– hat: *économie politique* (*political economy*). Wie es sich für wissenschaftliche Traktate dieser Zeit gehört, hatte er ihn in lateinischer Sprache verfasst.[11] Wegen der Aktualität des Themas (Währungsbetrug war im 14. Jahrhundert Gang und Gäbe) hat Oresme selbst einige Jahre später eine französische Übersetzung des Traktats verfasst.[12] Sie zeichnet sich u. a. dadurch aus, dass sie über 200 so genannte Dubletten aufweist: Neben einem im Altfranzösischen etablierten Wort steht ein zweites, gleichbedeutendes, das als *Lehnwort* aus dem mittelalterlichen Latein übernommen wurde:

inconvenientia sequuntur ex eo	Grans maulx et *inconvénients* s'ensuivent.
veritate manfestata *cedat* oppinio veritati	toute oppinion doit *cesser* et donner lieu à vérité.
portiones monetae	les *porcions* et pièces des monnoies, etc.

Das Phänomen der Dubletten-Ausdrücke ist nicht nur im Altfranzösischen zu beobachten. Es gilt eigentlich generell für die sich entwickelnden volkssprachlichen Fach- und Wissenschaftssprachen in Europa, also auch für die deutschen. Normalerweise bleiben beide Wörter einer solchen Dublette erhalten; das Lehnwort geht dann typischerweise in die Fachsprache ein. – Der Tribut, der für diese Entwicklung zu bezahlen war, war der nun einsetzende beständige Vorwurf, die Fachtexte der Fachleute seien unverständlich. Wer zuvor Texte solchen Inhalts las, musste Latein können *und* vom Fach etwas verstehen. Nun meint man etwas kurzschlüssig, wenn die Volkssprache an die Stelle des Lateins trete, müssten auch alle alles verstehen können.

---

[11] Nicole Oresme, De mutatione monetarum tractatus.
[12] Nicole Oresme, Tractatus de origine, natura, jure et mutationibus monetarum.

Die dritte Folge des Versuchs, eine Universalsprache zu schaffen, war, dass mit der Reflexion über die natürlichen Sprachen auch mehr Wissen über Sprache überhaupt entstand und formuliert wurde. Ein einschlägiges Beispiel ist die *Grammaire générale et raisonnée*. Sie stammt von Antoine Arnauld und Claude Lancelot, beide aus dem Umkreis von Port Royal, und erschien 1650, mitten im 17. Jahrhundert. Wichtig sind dabei die Reflexionen über die Regelmäßigkeit und Unregelmäßigkeit in der Syntax als eines zentralen Bereichs sprachlicher Kombinatorik. Auch wenn es den Autoren dort gelang, manches scheinbar Unregelmäßige als auf einer höheren Ebene regelmäßig zu erklären, bleibt doch ein Grundproblem aller natürlichen Sprachen: Es gibt stets einen Konflikt zwischen Ökonomie und Systemhaftigkeit. An einem bekannten Beispiel erläutert: Im Lateinischen gibt es Kasus-Endungen, die seit der klassischen Zeit nach und nach verschwinden – ein typisches Phänomen auch der Ökonomie. Es gibt aber gleichzeitig Präpositionen, die ihrerseits Kasus am Nomen verlangen („regieren"). Fallen nun die Endungen weg, so können die gleichzeitig auftretenden Präpositionen die Funktion der Kasus übernehmen. Aus einer so genannten *post*determinierenden wird eine *prä*determinierende Sprache, die Systemhaftigkeit bleibt erhalten, die grammatische Information wird nun allerdings anders realisiert.

Prozesse dieser Art laufen permanent in allen unseren natürlichen Sprachen ab: Es gibt gewissermaßen eine Gleichzeitigkeit des Ungleichzeitigen, hier das Nebeneinander von Präpositionen und/oder Kasus-Endungen. Die Folge solcher Prozesse ist nun, dass, speziell auch durch dieses Nebeneinander des Ungleichzeitigen, stets eine Fülle von Unregelmäßigkeiten vorhanden sind, die das Lernen einer Sprache, zumal einer Fremdsprache, schwierig machen. Das grammatische Genuss des Deutschen, Erbe einer früheren Sprachstufe, ist ein Horror für jeden, der Deutsch lernen muss: Warum *das* Auge, *die* Nase, *der* Mund? Wieso braucht das Deutsche 15 Paradigmen im Bereich der Nominaldeklination? Wozu braucht man überhaupt verschiedene Deklinations- und Konjugationsparadigmen?

7. Lehren aus dem Scheitern: Welthilfssprachen anstelle einer Universalsprache

Die Bemühungen um eine apriorische Universalsprache mussten schon daran scheitern, dass es völlig unmöglich ist, die Vielfalt der Welt mithilfe einer begrenzten Zahl eindeutiger Zeichen zu erfassen. Dies führte dazu, dass man sich, zumal im 19. Jahrhundert, darauf besann, wenigstens Regelmäßigkeit in der morphologischen und syntaktischen Kombinatorik zu schaffen – also Kunstsprachen, die keine Unregelmäßigkeiten aufweisen und daher leicht zu lernen wären.

Zwei solcher Welthilfssprachen sind besonders zu erwähnen: Volapük und Esperanto. Die erste war das Werk eines badischen Pfarrers, Johann Martin Schleyer (1831-1912), die zweite die Erfindung eines polnischen Arztes, Ludwik Zamenhof (1859-1917). Die erste war anfangs relativ erfolgreich, litt jedoch bald darunter, dass Benutzergruppen sie verändern und verbessern wollten, dass also die Einheitlichkeit verloren ging. Erfolgreicher war Esperanto: Es basiert auf insgesamt nur 16 Regeln. Nomina enden auf -o, Adjektive auf -a; es gibt nur eine Deklination, eine Konjugation, keine grammatischen Genera. Die Wortwurzeln stammen häufig aus dem lateinisch-romanischen, aus dem germanischen, dem slawischen Bereich. Als Welthilfssprachen ist Esperanto freilich schon deshalb nicht sonderlich geeignet, weil es vom Sprachtyp her ausgesprochen europäisch geprägt ist (es gibt zum Beispiel Artikel und das übliche stark ausgebaute Verbalsystem der europäischen Sprachen).

8. Abschließende Überlegungen

Eingangs wurde mit Arno Borsts monumentalem Werk zur Beschäftigung mit dem Mythos vom Turmbau zu Babel ein verstorbenes Mitglied der Heidelberger Akademie erwähnt. Abschließend kann mit Eugenio Coseriu (1921-2002) ein weiteres ins Spiel gebracht werden. Coseriu hat fünf universelle Eigenschaften ausgemacht, ohne die menschliche Sprache keine Sprache sein könnte (sog. essentielle Universalien): Sprachen transportieren Bedeutung oder Sinn (Semantizität); sie richten sich an einen Partner (Alterität); die Sprecher können eine Sprache jederzeit verändern (Kreativität); jede Sprache entwickelt sich in der Zeit und hat daher eine Geschichte (Historizität); schließlich muss Sprache geäußert, sie muss einem Träger-Medium anvertraut werden, das ihre Inhalte zum Hörer transportiert (Exteriorität). Die Eigenschaften der Kreativität unter Historizität sind nun die Basis dafür, dass eine Sprache nie so bleiben kann, wie sie in einem bestimmten Moment ist, dass sie sich also laufend verändert, d.h. laufend zwischen einer früheren und einer neuen Regelmäßigkeit oszilliert.

Die Konsequenz aus alldem lautet: Eine vollkommene Sprache wird es niemals geben können.

– Es ist unmöglich, die zu bezeichnende Welt so in ein Schema zu pressen, dass durch Kombination einer endlichen Zahl von eindeutigen Elementarbedeutungen alles eindeutig bezeichnet werden kann; und dies nicht nur deshalb, weil wir, wie Borges das formuliert hat, dieses Universum, das benannt werden soll, gar nicht kennen. Die Ergebnisse der zeitgenössischen Forschung, die nach so genannten *semantic primitives* sucht, nach

solchen überall vorhandenen kognitiven Bausteinen, sind nicht ermutigend.
– Die permanente Veränderung und damit die permanente Tendenz zu Unregelmäßigkeit ist dem Wesen der menschlicher, also natürlicher historischer Sprachen, inhärent: Sprachen verändern sich schlicht dadurch, dass wir sprechen, dass wir sie benützen müssen. Gerade dadurch können sie sich an unsere sich laufend verändernden Lebensumstände, an die sich verändernde Um- und Mitwelt, anpassen.

Das Streben, eine vollkommene Sprache zu entdecken oder zu schaffen, hat jedoch, wie erwähnt, positive Nebeneffekte gehabt: Es hat zur Ausbildung von Wissenschafts- oder Fachsprachen beigetragen. Mit ihrer Hilfe können wir uns in bestimmten Bereichen relativ unmissverständlich ausdrücken, allerdings um den Preis, dass der gewöhnliche Sterbliche mitunter wenig versteht, nicht weil die sprachlichen, sondern insbesondere deshalb, weil ihm die Wissensvoraussetzungen fehlen.

Ein zweites positives Ergebnis waren viele Einsichten in das Funktionieren von Sprache generell: Ihre permanente Veränderung im Rahmen der Anpassung an Um- und Mitwelt (zu der auch das Streben nach Ökonomie gehört) führt notwendigerweise zu Unregelmäßigkeiten auf allen möglichen Ebenen: In der Wortbildung, in der Morphologie und der Syntax. Eine hohe Regelmäßigkeit stellt sich nur dann ein, wenn in Katastrophen-Situationen neue Kommunikationsinstrumente geschaffen werden müssen. Ein typisches Beispiel dafür sind die Kreolsprachen, die im Gefolge der europäischen Kolonisierung entstanden sind: Sklaven, die schon untereinander keine gemeinsame Sprache hatten, waren gezwungen, mit ihren europäischen Herren zu kommunizieren. Die Sprachen, die auf diese Weise innerhalb von zwei oder drei Generationen Gestalt angenommen haben, zeichnen sich durch eine hohe Regelmäßigkeit und Einfachheit aus. Sie werden, wie wir schon heute beobachten können, im Lauf ihrer Entwicklung allerdings erneut unregelmäßig. Ein anderer Bereich der Rückkehr zur Regelmäßigkeit ist die Sprache der Kinder: Sie sind die größten Systematiker im Bereich des Sprechens. Sie wenden die Regeln, die sie durchschaut haben, konsequent an, auch wenn die Ergebnisse in den Augen eines Erwachsenen nicht korrekt sind: Auch die Eltern durchschauen ja die Regelmäßigkeit – und warum sollte der Plural von „Tasche" beispielsweise nicht „Tasches" heißen können?

Die dritte positive Konsequenz: Die Beschäftigung mit Universalsprache hat zur Schaffung sekundärer semiotischer Systeme in Form von Kalkülsprachen geführt. Sie sind nun zwar völlig eindeutig; freilich könnten niemals zur Mitteilung von Inhalten verwendet werden, wie wir sie z. B. in Romanen oder Gerichtsurteilen, kurz: entsprechend den Bedürfnissen unsrer Alltagswelt, ausdrücken möchten. Der italienische Dichter Giacomo Leopardi (1798-1837) konnte so in seinem Notizbuch-Sammelsurium (*Zibaldone* genannt) unter dem Datum des 23. August 1823 notieren:

Una lingua strettamente universale, qualunque ella mai si fosse, dovrebbe certamente essere di necessità e per sua natura, la più schiava, povera, timida, monotona, uniforme, arida e brutta lingua, la più incapace di qualsivoglia genere di bellezza, la più impropria all'immaginazione, e la meno da lei dipendente, anzi la più da lei per ogni verso disgiunta, la più esangue ed inanimata e morta, che mai si possa concepire; uno scheletro un'ombra di lingua piuttosto che lingua veramente; una lingua non viva, quando pur fosse da tutti scritta e universalmente intesa, anzi più morta assai di qualsivoglia lingua che più non si parli nè scriva.

Eine streng universale Sprache, wenn es denn eine gäbe, wäre sicherlich aus Notwendigkeit und aufgrund ihrer Natur die allersklavischste, ärmste, schlechteste, monotonste, einförmigste, trockenste und hässlichste Sprache, gänzlich unfähig zu irgendeiner Art von Schönheit, völlig unbrauchbar für die Einbildungskraft und am wenigsten von ihr abhängig, ja am meisten in jeder Hinsicht von ihr getrennt, die blutleerste und lebloseste und toteste Sprache, die man sich vorstellen kann; ein Skelett, ein Schatten von Sprache. Nicht lebendig, selbst wenn sie von allen geschrieben und überall verstanden würde, ja noch viel toter als irgendeine Sprache, die nicht mehr gesprochen noch geschrieben wird.

Literatur

Dante Alighieri „de vulgari eloquentia I, ix (1303/05)
Jorge Luis Borges, El idioma analítico de John Wilkins, in: Otras Inquisiciones, S. 139-144 [Erstausgabe 1952].
Arno Borst, Der Turmbau von Babel: Geschichte der Meinungen über Ursprung und Vielfalt der Sprachen und Völker, 4 Bände, 1957-1963.
Louis Couturat und Léopold Léau, Histoire de la langue universelle. 1903.
René Descartes, Brief an Marin Mersenne vom 20. November 1629, Text aus: Œuvres de Descartes. Publiées par Charles Adam et Paul Tannery, tome I, Correspondance: Avril 1622-Février 1638, Léopold Cerf, 1897, S. 76.
Umberto Eco, Alla ricerca della lingua perfetta nella cultura europea, 1993. In deutscher Übersetzung trägt das Werk den Titel Die Suche nach der vollkommenen Sprache, 1994
Michel Foucault, Les mots et les choses: une archéologie des sciences humaines, 1966.
Sybille Krämer, Berechenbare Vernunft: Kalkül und Rationalismus im 17. Jahrhundert, 1991.

---

[13] Giacomo Leopardi, Zibaldone, Nr. 3252. Übers. W.R.

Giacomo Leopardi, Zibaldone, Nr. 3252.
Nicole Oresme, De mutatione monetarum tractatus.
Nicole Oresme, Tractatus de origine,natura, jure et mutationibus monetarum.
Wolfgang Raible, Die Semiotik der Textgestalt. Erscheinungsformen und Folgen eines kulturellen Evolutionsprozesses, Abhandlungen der Heidelberger Akademie der Wissenschaften, 1991.
John Wilkins, An Essay towards a Real Character and a Philosophical Language, 1668.
Eugenio Coseriu, »Les universaux linguistiques (et les autres)«, in: Luigi Heilmann (ed.), Proceedings of the Eleventh International Congress of Linguists, Bologna – Florence, Aug. 28. – Sept. 2. 1972, Bologna 1974, S. 47-73.

Ludwig M. Eichinger

Vom Nutzen der eigenen Sprache in der Wissenschaft – am Beispiel des heutigen Deutsch

1. Vom Nutzen der eigenen Sprache im Allgemeinen

1.1 Der Beginn: Die Gleichwertigkeit des Deutschen

Vom Selbstverständlichen spricht man nicht. Wenn so in diesem Beitrag vom „Nutzen der eigenen Sprache in der Wissenschaft" die Rede sein soll, heißt das zumindest, dass nicht unstrittig ist, ob und inwieweit es von Nutzen oder Vorteil ist, in der Wissenschaft die eigene Sprache, in unserem Fall also das Deutsche, zu verwenden. Das war über längere Zeit hin anders, die Möglichkeit, in wissenschaftlichen Texten die jeweils eigene Volkssprache zu verwenden, galt eindeutig als ein Fortschritt gegenüber den Zeiten und Verhältnissen, in denen man ausschließlich auf den Gebrauch des Lateinischen angewiesen war. Diese Entwicklung schien Teil des Fortschritts der Wissenschaften zu sein, auch wenn der damit zu erreichende Nutzen auf ganz verschiedenen Ebenen liegen konnte.

Man braucht gar nicht so weit zurückzugehen, um einen Eindruck von dieser Entwicklung und ihrer Bewertung zu bekommen. Es ist erst das beginnende achtzehnte Jahrhundert, in dem hierzu die entscheidenden Schritte getan werden. Zwar waren volkssprachliche Darstellungen in einer Vielzahl praktisch-fachlicher Texte seit längerem gang und gäbe, man denke etwa an Georg Agricolas Schriften zum Bergbau,[1] Albrecht Dürers „Underweysung der Messung"[2] oder Paracelsus' medizinische Schriften,[3] die alle der großen Umbruchzeit um 1500 entstammen, zwar hatte sich dann das siebzehnte Jahrhundert um die literarische Sprache, aber auch um die grammatische Beschreibung

---

[1] Georgius Agricola: De re metallica libri XII, (Vom Bergbau und Hüttenwesen, 12 Bücher) 1556.
[2] Albrecht Dürer, Underweysung der messung mit dem Zirckel un richtscheyt in Linien ebnen umd gantzen corporen, 1525.
[3] Theophrast von Hohenheim, gen. Paracelsus, Sämtliche Werke. 1. Abteilung: Medizinische, naturwissenschaftliche und philosophische Schriften, hrsg. von Karl Sudhoff, 14 Bände, 1922-1933.

des „Hochdeutschen" gekümmert und entsprechende deutsche Texte vorgelegt, aber die „eigentlichen" Wissenschaften betrifft das zunächst nicht; für die Philosophie, aber auch zum Beispiel für die Mathematik beginnt diese Entwicklung erst mit dem achtzehnten Jahrhundert.[4] So vermerkt einer der Väter der deutschen Wissenschaftssprache, Christian Wolff, in der Vorrede (S. XIX) zu seinen 1710 erschienenen „Anfangsgründen aller Mathematischen Wissenschaften":

> *Ich habe diese Anfangs=Gründe Teutsch geschrieben, weil sie unsern Teutschen zu Dienste stehen sollen. Die Kunst=Wörter habe ich nach dem Exempel der Franzosen, Engelländer und anderer Ausländer behalten. Und ihnen nur unserer Mund=Art gemässe Endungen gegeben.*

Das heißt, der Nutzen liegt in der Vermittlung von Erkenntnis – die in gewissem Umfang in einer Elite-Sprache, dem Lateinischen, schon vorliegt – an eine sich bildende „nationale" Wissensgemeinschaft. Wie der Umgang mit der Terminologie zeigt, wird auf die „internationale" Kompatibilität mit den beispielgebenden Mustern der anderen europäischen Volkssprachen durchaus geachtet, das Zitat selbst aber gibt seinerseits Zeugnis von einer darüber hinausgehenden sprachlichen Leistung Wolffs, nämlich der Nutzung der Möglichkeit, eine deutschsprachige Terminologie auf „sprechende" Komposita zu stützen – so stehen ja zum Beispiel die *Anfangs=Gründe* unseres Zitats für *principia*, und für die anderen vorkommenden Komposita gilt Entsprechendes.[5] Diese gewisse Häufung neuer und daher etwas ungefüge wirkender Nomina mag den

---

[4] Diese Darstellung vergröbert etwas; sie geht zum Beispiel nicht auf die Rolle des Französischen ein, das durchaus den engeren gesellschaftlichen Verkehr überschritten hatte, wie man an den Schriften von Gottfried Wilhelm Leibniz sieht, der zu Recht als einer der großen theoretischen Beförderer des Deutschen als Wissenschaftssprache gilt, aber zu Lebzeiten ausschließlich in lateinischer und französischer Sprache publizierte.

[5] Dabei ist es dann zumindest eine Zeitlang durchaus üblich, die deutschen wie die lateinischen Formen nebeneinander in einem Text einzuführen, um so das Verständnis der neuen deutschen Termini zu sichern. Die vorkommenden Beispiele von Komposita belegen zudem zwei typische Merkmale im Umgang des Deutschen mit dem europäischen Bildungswortschatz, zum einen zeigt sich, dass früh eingebürgerte zentrale Elemente kaum durch Übersetzungen verdrängt werden konnten (vgl. Jürgen Schiewe, Von Latein zu Deutsch, von Deutsch zu Englisch, in: Debus/Kollmann/Pörksen, 2000, S. 86) und so eine eurolateinische Basis unseres Bildungswortschatzes darstellen – davon zeugt etwa das Beispiel *Prinzipien* –, zum anderen kann man sehen, dass häufig das fremde Wort und seine übersetzte Entsprechung mit Bedeutungsdifferenzierung weiterleben. So hat die in dem vorliegenden Text gewählte Übersetzung *Kunstwort* das Fachwort *Terminus* nicht verdrängt, hat aber einen Platz mit eigener Bedeutung gefunden. Auch die Mundart „(gesprochene) Sprache", der die – im Zitat (2) noch vorkommende – *Schreibart* „geschriebene Sprache" als systematischer Konterpart abhanden gekommen ist, ist nun ein naher Bedeutungsverwandter von Dialekt – mit vor allem konnotativer Differenzierung.

Eindruck befördern, dass diese ersten Ausbaustufen der deutschen Wissenschaftsprosa im Umfeld der Schule der Wolffschen Philosophie von einer Pedanterie[6] gekennzeichnet ist, die erst im Verlaufe des späteren 18. Jahrhunderts in einem vernünftigen Ausgleich überwunden sein wird. Christian Wolff gilt nach Friedrich II. als eines der Paradebeispiele für die typisch deutsche Umständlichkeit und Ungefügigkeit.[7]

Wie zudem auch der Verweis auf die Praxis im Französischen, Englischen und bei den „anderen Ausländern" zeigt, ist die Verwendung der Muttersprache von der Idee geleitet, dass man auf Deutsch auch sagen können müsse, wozu die anderen europäischen Sprachen in der Lage seien. Dass das als ein Schritt zur „Zivilisierung" der deutschen Nation gesehen werden kann, zeigt noch deutlicher die bekannte „erste" deutschsprachige Vorlesung von Christian Thomasius an der Universität Leipzig im Jahre 1687, bei der Thema und Kleidungsstil mindestens ebenso anstößig waren wie die Wahl der deutschen Sprache. Behandelte sie doch Baltasar Gracians „Hofmann" als Modell eines nicht „pedantischen" gesellschaftlichen Ideals und hielt Thomasius seine Vorlesung doch in bürgerliche Alltagskleidung gewandet. Die gesellschaftliche Öffnung im Hinblick auf eine aufkommende nicht-adelig konstituierte Öffentlichkeit ist offenkundig, auch wenn Thomasius' Auftreten zunächst nur innerhalb der Gelehrtengemeinde für Aufregung sorgt.[8]

Das hat, wie man an späteren stärker öffentlichkeitsorientierten Texten wie etwa den Ausführungen der Verwaltungswissenschaftler im Rahmen der Kameralistik entnehmen kann, auf mittlere Zeit erhebliche sprachliche Folgen. Bis dahin ist die sprachliche Praxis von „kanzleysprachlichen" Vorgaben geprägt, bei denen relative Unverständlichkeit als Ausweis der Eingeweihtheit und der damit verbundenen Macht durchaus akzeptiert wird.

---

[6] Erst im Rahmen dieser Einschätzung wird ja der *pédant*, der Fachmann, zum Pedanten, dem fachlichen Umstandskrämer, werden. Vgl. Ronald Dietrich, Der Gelehrte in der Literatur. Literarische Perspektiven zur Ausdifferenzierung des Wissenschaftssystems, 2003, S. 67.
[7] Zu diesen Zusammenhängen s. Ulrich Ricken, Zum Thema Christian Wolff und die Wissenschaftssprache der deutschen Aufklärung, in: Heinz L. Kretzenbacher/Harald Weinrich (Hrsg.), Linguistik der Wissenschaftssprache, 1995, S. 41-90.
[8] Vgl. Jürgen Schiewe, Von Latein zu Deutsch, von Deutsch zu Englisch, in: Friedhelm Debus/Franz Gustav Kollmann/Uwe Pörksen (Hrsg.), Deutsch als Wissenschaftssprache im 20. Jahrhundert, 2000, S. 87: „Im Jahre 1687 hatte der junge, gerade einmal zweiunddreißigjährige Doktor der Rechte, der seine Lektionen in Kavaliersklеidung und nicht im Talar abhielt, die innneruniversitären Kommunikationsgewohnheiten gröblich verletzt".

1.2 Eine aufgeklärte Sprachwelt

Die Wendung hin zu einer Sprachform, die stärker der Verständlichkeit verbunden ist, führt nicht nur zu einer „einfacheren", an einem mittleren Stil orientierten Ausdrucksweise,[9] sondern letztlich zu grundlegenden Veränderungen, die bis an die Ebene des Sprachsystems heranreichen. So kann man zum Beispiel sehen, dass in diesem Kontext die wenig organisierte und individueller Interpretation anheimgegebene Distanzstellung der beiden Teile, die im Deutschen häufig zusammen das Prädikat ausmachen, die mehr oder minder willkürlich als mündliches Gliederungssignal genutzt wurde, zunächst im Hinblick auf Verständlichkeit und Schriftlichkeit domestiziert und dann im Sinn der jetzt geltenden Regeln zur Satzklammer grammatikalisiert wurde.[10]

Im Verlauf des 18. Jahrhunderts setzt sich ein Ideal der Deutlichkeit[11] durch, das in der ersten Hälfte des Jahrhunderts stark rationalistisch orientiert war. Charakteristisch in dieser Hinsicht ist die kritische Stellungnahme des führenden Grammatikers der ersten zwei Drittel des 18. Jahrhunderts, Johann Christoph Gottsched, in der er die Hauptmängel dieser Art zu schreiben, aufführt.

> *Es fehlt dieser Schreibart an guten abgetheilten Perioden, an deutlich auseinandergesetzten Gedanken, und deutlichen Sätzen. Hingegen hat sie einen Überfluß an Einschüben, als da sind Einschränkungen, Bedingungen, Ursachen, Folgerungen u.d.g. Sie verwirft die Zeitwörter gar zu weit von den Nennwörtern, braucht unnöthige und altväterische Beywörter und gleichgültige Redensarten, und was dergleichen mehr ist.*[12]

In der zweiten Hälfte des 18. Jahrhunderts spielen dann Fragen einer sprachlichen Natürlichkeit eine erhebliche Rolle; sie betreffen eben nicht nur literarische Sprachformen, sondern gelten insgesamt als ein Kriterium für sprachliche Moral. Nicht zuletzt der Kameralismus pflegt nicht nur eine solche Sprachform, sondern kümmert sich auch bewusst darum. Das zeigen Titel und Thema

---

[9] Vgl. dazu etwa Johannes Schwitalla, Komplexe Kanzleisyntax als sozialer Stil. Aufstieg und Fall eines sprachlichen Imponierhabitus, in: Inken Keim/Wilfried Schütte, (Hrsg.), Soziale Welten und kommunikative Stile, 2002, S. 390.

[10] Ausgeführt und belegt in Ludwig M. Eichinger, Syntaktischer Wandel und Verständlichkeit. Zur Serialisierung von Sätzen und Nominalgruppen im frühen Neuhochdeutschen, in: Heinz L. Kretzenbacher/Harald Weinrich (Hrsg.), Linguistik der Wissenschaftssprache, 1995, S. 301-324; s. auch Vilmos Ágel, Syntax des Neuhochdeutschen bis zur Mitte des 20. Jahrhunderts, in: Werner Besch, et al. (Hrsg.): Sprachgeschichte. Ein Handbuch zur Geschichte der deutschen Sprache und ihrer Erforschung. 2. Auflage. 2. Teilband (= HSK 2.2), 2000, S. 1891 ff.

[11] Zur Bedeutung dieses Konzepts s. Reichmann (1995, S.176 f.).

[12] Johann Christoph Gottsched, Ausführliche Deutsche Redekunst, 1736, S. 318.

eines klassischen Autors dieser Ausrichtung, der da lautet: Johann Heinrich Gottlobs von Justi [...] Anweisung zu einer guten deutschen Schreibart und allen in den Geschäften und Rechtsachen vorfallenden schriftlichen Ausarbeitungen [...]. (Leipzig 1758), ebenso wie ein fast beliebiger Ausschnitt aus diesem Buch:[13]

Man muß sich von den Reichthum des Landes einen richtigen Begriff machen. Denn man würde sehr irren, wenn man den Reichthum, den ein Land in seinen Grenzen einschließt, allemal vor den Reichthum des Staats ansehen wollte [...]. (S. 114)

2. Die Eigentümlichkeit des Deutschen

2.1 Grundlegendes: Sprache und kulturelle Tradition

Mit dieser allmählichen Entwicklung und Emanzipation verstärkt sich der Gedanke, das Deutsche sei nicht bloß genauso gut geeignet, beliebige fachliche Dinge auszudrücken wie das Lateinische oder das Französische, vielmehr eröffne der sprachliche Charakter des Deutschen Ausdrucksmöglichkeiten, die ihm eigentümlich seien. Man vermutet, dass die deutsche Sprache einen ganz spezifischen Zugang, ja vielleicht eine Neigung zu einer anderen nicht zu erreichenden Art von Wissenschaftlichkeit habe. Die von Johann Gottfried Herder in Auseinandersetzung mit den französischen Sensualisten angestoßenen Überlegungen zum in der Sprache sich niederschlagenden Volksgeist führen über Wilhelm von Humboldt und die Humboldt-Rezeption bis in die Moderne.[14] Die Sprache, und zwar die jeweils eigene, sei „*[e]ine lebendige Ausprägung des Gedächtnisses*",[15] stellt so Aleida Assmann fest und fährt fort:

Die Sprache ist nicht nur der wichtigste Träger subjektiver Erinnerungen, sie ist auch ein kollektives Gedächtnis, ein historisches Archiv menschlicher Erfahrungen und Weltaneignungen.

---

[13] Neben der Beiläufigkeit der gewählten Terminologie, die nicht mehr den Anschein erzeugt, die Übersetzung von etwas zu sein, stehen typisch fachliche nominale Strukturen (schriftliche Ausarbeitungen statt so etwas wie Schriften), erweiterte Attribute, Wiederholung zur Sicherung der Textkohärenz und Verständlichkeit (drei Mal *Reichthum* in dem kurzen Text) usw. – alles Beispiele einer neuen Fachsprachlichkeit.
[14] Vgl. dazu die Ausführungen in Jürgen Trabant, Was ist Sprache?, 2008.
[15] Aleida Assmann, Die Geisteswissenschaftler als Schutzengel des kulturellen Gedächtnisses, in: Kodalle 2007, S. 61.

Ohne eine solche Tradition ist etwa die „etymologisierende" Richtung der Philosophie, wie sie in Heidegger repräsentiert ist, kaum denkbar,[16] ihr Reflex findet sich aber etwa auch bei Theodor Adorno,[17] der über seine Rückkehr in den deutschsprachigen Raum nicht nur feststellt, dass er in der eigenen Sprache am präzisesten formulieren könne, sondern hinzufügt:

> *Geschichtlich ist die deutsche Sprache [...] fähig dazu geworden, etwas an den Phänomenen auszudrücken, was in ihrem bloßen Sosein, ihrer Positivität und Gegebenheit sich nicht erschöpft.*

Das ist nahe bei derzeit angestellten Überlegungen zu den kommunikativen Grundlagen eines kollektiven Gedächtnisses, aus denen ja auch folgt, dass man eine Gemeinschaft ihres Gedächtnisses beraubt, wenn man sie von der in ihrer Sprache niedergelegten Kultur trennt. Und so ist denn der Geisteswissenschaftler auch von den Eigenheiten seiner Sprache, von den Einzelheiten der Formulierung abhängig und steht in der Abfolge der Traditionen des Formulierens, die sich in der eigenen Sprache herausgebildet haben.

2.2 Sprachliche Präferenzen

2.2.1 System und Aussagestruktur
Und bis heute wird auch in alltäglicheren Kontexten davon gesprochen, das Deutsche habe selbst eine Art inhärenter Ordentlichkeit, die wissenschaftliche und fachliche Präzision geradezu erzwinge. Zweifellos legen die typologischen Eigenheiten der Sprachen und die Traditionen des Sprechens in den jeweiligen sprachnationalen Kulturen die Präferenz für bestimmte Strukturen nahe. So stellt Konrad Ehlich fest:[18]

> *Über die Bindung an die jeweilige alltägliche Sprache ist die Wissenschaftssprache auch an deren strukturelle Vorgaben gebunden. Sie ist darauf angewiesen – kann sie zugleich im Rahmen des sprachentwicklungsmäßig Möglichen freilich auch weiter entfalten helfen.*

Um dies am Beispiel des Deutschen zu illustrieren, sind hier für die Wissenschaftssprache Strukturmerkmale wie die Entwicklung einer spezifischen syntaktischen Komplexität oder etwa die Nominalbildungsmechanismen zu nen-

---

[16] Zur Einschätzung dieses Rekurses auf das „Eigentliche" s. Hans-Martin Gauger, Der etymologische Holzweg, in: ders.; Über Sprache und Stil, 1995, S. 70 ff.
[17] Theodor W. Adorno, Auf die Frage: Was ist deutsch, in: Kulturkritik und Gesellschaft II. Eingriffe, Stichworte, Anhang (Werke; 10.2). S. 699 f.
[18] Konrad Ehlich, Mehrsprachigkeit in der Wissenschaftskommunikation – Illusion oder Notwendigkeit, in: Konrad Ehlich/Dorothee Heller (Hrsg.), Die Wissenschaft und ihre Sprachen (= linguistic insights 52), 2006, S. 25.

nen. Das Englische wiederum bietet in den Serialisierungsmöglichkeiten und -erfordernissen Vorgaben, die sich in der Wissenschaftskommunikation um- und durchsetzen.

Was hier gemeint ist, lässt sich fast an jedem beliebigen Fachtext zeigen, so z. B. an der deutschen und englischen Version des Beginns eines amtlichen EU-Textes zur *Biodiversität*. Seine deutsche Fassung lautet:

> *Die in den vergangenen Jahrzehnten vonstatten gegangene Entwicklung hat unser Leben bereichert, und die Menschheit hat davon erheblich profitiert. Sie führte jedoch vielfach zu einer Abnahme der Verschiedenartigkeit und des Umfangs von natürlichen Systemen – der so genannten biologischen Vielfalt.*

In der englischen Fassung, die im angedeuteten EU-Text vermutlich das Original ist, von dem aus Übersetzungen geschaffen werden, lautet die entsprechende Passage so:

> *Over recent decades, humanity has benefited enormously from development, which has enriched our lives. However, much of this development has been associated with a decline in both the variety and extent of natural systems – of biodiversity.*

Ohne in alle Einzelheiten zu gehen, kann man z.B. sehen, dass das Deutsche in dem ersten Satz die Fähigkeit der Erweiterung der Nominalphrase *Die ... Entwicklung* in dem Zwischenraum zwischen Artikel und Substantiv dazu nutzt eine insgesamt untergeordnete Aussage (*in den vergangenen Jahrzehnten vonstatten gegangen*) einzubetten, was unter anderem daran liegt, dass man das Substantiv *Entwicklung* nicht einfach so in den Satz einbauen könnte wie das mit dem englischen *Development* geschieht:[19] Demgegenüber zeigt das Englische, bei dem ja das Subjekt praktisch nicht von der ersten Stelle im Satz zu verdrängen ist, bekanntlich eine Tendenz zur Linksherausstellung von kataphorisch wirkenden textstrukturierenden Konnektoren am Satzanfang, aber dann auch darüber hinaus (*over recent decades – however – both*[20]). Unter anderem führen diese unterschiedlichen Kodierungspräferenzen zu einer Verschiebung

---

[19] Was andererseits damit zusammenhängt, dass deutsch *Entwicklung* und englisch *development* sich eigentlich an der Stelle, die in dem (englischen) Text gemeint ist, nicht so recht berühren. Eine Bedeutung von *Entwicklung* im Sinne dieses *development* ohne weitere Ergänzung haben wir wohl in Wörtern wie Entwicklungshilfe vor uns, wo Entwicklung auch einfach die „positive Entwicklung" meint. Traditionell wäre das wohl ein Platz für ein Lexem wie das deutsche Wort *Fortschritt*, das nun allerdings wieder zu deutlich die Positivität der Bewertung mit sich tragen würde und dessen Leumund im heutigen Deutsch aber eher ambivalent ist.

[20] Dieses ist ein Untergliederungselement, das einen absehbaren Erwartungshorizont öffnet, und dem im Deutschen nichts Rechtes entspricht; es passt ja auch gut zu den prinzipiell nach rechts offenen Strukturen einer rein zentrifugalen Sprache, wie es das Englische ist.

in der Hierarchie der im ersten Satz miteinander verbundenen Propositionen.[21] Das nur als ein kleines Beispiel dafür, wohin einen die Normaloptionen des jeweiligen Systems und seiner Ausdruckspräferenzen bringen.

2.2.2 Sprachstruktur und Traditionen des Sprechens

Mit den Möglichkeiten, die sich das Deutsche auf der Basis seiner strukturellen Möglichkeiten erarbeitet hat, verbindet man durchaus spezifische Vorteile bei bestimmten wissenschaftlichen und fachlichen Ausdruckswünschen. So sieht das zum Beispiel Adorno in der oben aufgeführten Textstelle. Es gibt aber auch in, wenn man so will, weniger abstrakten Bereichen und in der Gegenwart entsprechende Äußerungen. Man kann hier den Inhaber des Lehrstuhls für Verwaltungswissenschaften an der Wasada Universität Tokio, einen aufgrund der großen Ferne des deutschen Nationalismus zweifellos unverdächtigen Zeugen, für diesen Punkt anführen. Er stellte zu diesem Punkt im Rahmen einer Podiumsdiskussion fest – ich zitiere den Bericht über diese Veranstaltung:

> *Aus der Sicht von Kochiro Agata stellt sich das Deutsche aufgrund seiner rigiden Grammatik ohne Missführung und seiner genauen Abstraktion zum klaren Verständnis sowie der damit verbundenen produktiven Wortbildungsmöglichkeiten als eine für die Wissenschaft besonders geeignete Sprache dar. Im Bereich der Verwaltungswissenschaften habe das deutsche [...] Vorbild [...] ausgesprochen einflussreich und beispielgebend in Japan gewirkt.*[22]

Zweifellos werden hier Punkte genannt, die dem fachlichen Schreiben im Deutschen sein Gepräge geben, die es ihm ermöglichen, etwa zwischen dem Englischen und dem Französischen einen mittleren Grad an Abstraktheit zu halten, und auf der Benennungsebene durch die Nutzung von Techniken wie der Komposition einen fast beliebig hohen Grad an Detailgenauigkeit erreichen zu können.

2.3 Historische Folgen

Damit verbunden ist wie gesagt seit dem 18. Jahrhundert der Gedanke, dass die in den verschiedenen Sprachen liegenden unterschiedlichen Möglichkeiten un-

---

[21] So hat *Entwicklung* – um auch hier nur das Augenfälligste zu erwähnen – in den vergangenen Jahrzehnten einen anderen Skopus als seine englische Entsprechung, und aufgrund der andersartigen Einbettung von *Entwicklung* wird auch im letzten Teilsatz auf eine Einheit (*vonstatten gegangene Entwicklung*) Bezug genommen, die im englischen Text so gar nicht existiert.

[22] Auswärtiges Amt, Wissenswelten verbinden. Deutsche Außenpolitik für mehr Bildung, Wissenschaft und Forschung, 2009, S. 114.

terschiedliche Erkenntnisweisen oder zumindest -aspekte repräsentierten. Klassischerweise hängt sich diese Diskussion an die von Wilhelm von Humboldt geäußerten Gedanken zu diesem Punkt.

In praktischerer Weise spielt das in dem Kontext eine Rolle, ob es nützlich sei, die Mühe des Fremdsprachenlernens auf sich zu nehmen. Arthur Schopenhauer sieht genau aus diesem Grund im Erlernen von Fremdsprachen einen Zugewinn nicht nur an Wissen, sondern am Grad der Bildung:[23]

> *Hieraus nun folgt, dass man in jeder Sprache anders denkt, mithin unser Denken durch die Erlernung einer jeden eine neue Modifikation und Färbung erhält, dass folglich der Polyglottismus, neben seinem vielen unmittelbaren Nutzen, auch ein direktes Bildungsmittel des Geistes ist, indem er unsere Ansichten, durch hervorragende Vielseitigkeit und Nüancirung der Begriffe, berichtigt und vervollkommnet, wie auch die Gewandtheit des Denkens vermehrt. Den Vortheil dieses Studiums entbehren die Griechen; wodurch sie zwar viel Zeit ersparten, mit der sie dann aber auch weniger ökonomisch umgingen; wie das tägliche, lange Herumschlendern der Freien auf der αγορα bezeugt [...].*

Wenn man auch den Eindruck hat, dass Schopenhauer den philosophischen Ort des περίπατος etwas wörtlich nimmt, wobei die Richtung der Interpretation auf jeden Fall unseren Vorurteilen über die Deutschen entspricht, so bleibt für den Anfang des Textes doch festzuhalten, dass er sich von der Alterität, die in den anderen Sprachen steckt, eine Relativierung der eigenen Position erwartet, und noch deutlicher als Kind seiner Zeit erweist er sich, wenn er notiert:[24]

> *Die Sprache, in welcher man schreibt, ist die Nationalphysiognomie (§ 282).*

Solche Ideen haben seit den Frühromantikern durchaus Konjunktur.[25] So charakterisiert etwa auch Adam Heinrich Müller[26] die fünf großen zentralen europäischen Nationen als (verwandte) Individuen mit Eigenheiten in „Sitten, Sprache, Gemüthsart, Kunst, Bildung und National=Physiognomie".[27]

---

[23] Arthur Schopenhauer, Parerga und Paralipomena II (= Arthur Schopenhauers Werke in fünf Bänden V), 1991, S. 491.
[24] a.a.O., S. 455.
[25] S. z. B. die Dokumentation des Sublemmas Nation 4 in Bär (1999, S. 417 ff.).
[26] Adam Heinrich Müller, Die Elemente der Staatskunst, 1809, S. 281.
[27] Den weiteren Kontext bieten auch Reflexe der Lavaterschen Physiognomie, der ja einen Teil seiner Arbeit „Vermischte Nationalphysiognomien" nennt. Dazu auch Kant im „Streit der Fakultäten" (S. 64), mit Referenz sowohl auf Lavater wie auf Lichtenberg.

3. Was das für die Wissenschaftssprache heißt

3.1 Verlorene Einheit und gewonnene Ausdrucksfähigkeit

Man hat immer schon argumentiert, dass diese Unterschiede der „Weltansichten"[28] nicht die Wissenschaft beträfen, und so findet sich auch bei Schopenhauer unweit der gerade zitierten Stelle eine dazu auf den ersten Blick einigermaßen kontrastierende Feststellung:[29]

> *Die Abschaffung des Lateinischen als allgemeiner Gelehrtensprache und die dagegen eingeführte Kleinbürgerei der Nationalliteraturen ist für die Wissenschaften in Europa ein wahres Unglück gewesen. Zunächst, weil es nur mittels der lateinischen Sprache ein allgemeines Europäisches Gelehrtenpublikum gab, an dessen Gesammtheit jedes erscheinende Buch sich direkt wandte. Nun ist aber die Zahl der eigentlich denkenden und urtheilsfähigen Köpfe in ganz Europa ohnehin schon so klein, dass, wenn man ihr Forum noch durch Sprachgrenzen zerstückelt und auseinander reißt, man ihre wohltätige Wirksamkeit unendlich schwächt. [...] Darum ist Kants Philosophie, nach kurzem Aufleuchten, im Sumpfe deutscher Urtheilskraft stecken geblieben, während über demselben die Irrlichter Fichte"scher, Schellingscher und endlich gar Hegel"scher Scheinwissenschaft ihr Flackerleben genossen [...] Darum bin ich unbeachtet geblieben (§ 255).*

Auch hier kann man sagen, dass das letztliche Urteil – in Anbetracht des Verhältnisses Schopenhauers zu den genannten Kollegen – nicht völlig unparteiisch ist; im Prinzip ist aber sicherlich wahr, dass durch die bindende Kraft des Lateinischen ein europäischer „Wissenschaftsmarkt" ohne sprachliche Grenzen bedient werden konnte. Allerdings war klar, dass die Erweiterung der wissenschaftlichen Tätigkeit auf weitaus größere Bevölkerungsgruppen und ihre institutionelle staatliche Einbindung auf der Ebene der Nationalsprachen wesentlich leichter zu erreichen war. Dazu kommt, dass mit diesen Sprachen auf drei Ebenen neue Ansprüche verbunden waren, die zumindest zu Schopenhauers Zeiten den öffentlichen Sprachgebrauch entscheidend prägten. Es herrscht zum einen das Bewusstsein der Verbindung einer bürgerlichen Sprache mit gesellschaftlichem Fortschritt,[30] zum zweiten hat sich mit den Universitäten ein Bildungssystem entwickelt, das professioneller Wissenschaftlichkeit einen be-

---

[28] Zur Entwicklung dieser Idee vgl. Jürgen Trabant, Was ist Sprache?, 2008, S. 69 ff.
[29] Schopenhauer, a.a.O., S. 431 f.
[30] Exemplarisch ausgeführt in Ludwig M. Eichinger, Von der Heldensprache zur Bürgersprache. Wandel der Sprechweisen über Sprache im 18. Jahrhundert, in: Wirkendes Wort 40, 1990, S. 74-94.

ruflichen und institutionellen Ort gab und zum dritten greift sich eine sprachnationale Identität zunehmend Raum.

Da die Reform der Universitäten mit den Geisteswissenschaften verbunden ist, führt das zu einer erhöhten Wertschätzung der Ideen des wissenschaftlichen Individuums, das sich in höchstmöglicher Genauigkeit in seiner Muttersprache ausdrücken könne. Gleichzeitig werden die später so bedeutsam werdenden experimentellen Wissenschaften einem „praktischeren" Diskurs zugewiesen, der auf die Modernisierung im „nationalen" Rahmen zielte.[31] Dazu kommt, was in den Schopenhauer-Zitaten im Hintergrund aufleuchtet, dass zu dieser Zeit das gebildete Bürgertum in der Regel mehrsprachig war, und Europa mit seinen großen Sprachen das Zentrum der wissenschaftlichen Diskurswelt darstellte, was die transnationale Kommunikation auf andere Weise erleichterte. Aus diesen Gründen stellte sich für das 19. Jahrhundert die Frage einer neuen übergreifenden Sprache nicht so recht, und das Deutsche nahm nicht zuletzt aufgrund seiner wissenschaftsorganisatorischen Fortschrittlichkeit einen zentralen Platz ein. So spielte auch die Differenz zwischen den verschiedenen Wissenschaftstypen lange Zeit eine geringere Rolle.

3.2 Gründe für den Erfolg der Muttersprachen

Man kann resümieren: Bei der Emanzipation des Deutschen als Wissenschaftssprache gibt es drei Faktoren, deren Bedeutung im historischen Verlaufe des 18. und 19. Jahrhunderts schwankt und sich zum Teil überlagert.

Der erste Faktor ist der der Öffnung hin auf eine „nationale" bildungswillige Öffentlichkeit,[32] der Bezug auf diese Schicht betrifft die Umsetzung klassi-

---

[31] Wissenschaftliches wie staatliches Leben waren zudem geprägt von den Ergebnissen und „Produkten" deutschsprachiger Aufklärung; vom Kameralismus war schon die Rede. Im Hinblick auf die Sprache ist hier auch der Gesetzgebung und Rechtswissenschaft zu gedenken. Einen Meilenstein für die Rechtsgeschichte wie für die deutsche Sprachgeschichte stellt das Preußische Allgemeine Landrecht, das 1794 in Kraft trat, dar. Sein sprachlicher Duktus prägt bis heute unsere Vorstellung von der Adäquatheit allgemeiner Rechtstexte; zum Einzelnen vgl. neben Hans Hattenhauer, Zur Geschichte der deutschen Rechts- und Gesetzessprache, 1987; Hans Kiefner, Zur Sprache des Allgemeinen Landrechts, in: Barbara Dölemeyer/Heinz Mohnhaupt (Hrsg.), 200 Jahre Allgemeines Landrecht für die Preußischen Staaten: Wirkungsgeschichte und internationaler Kontext, 1995, S. 23-78; zur sprach- und rechtssprachgeschichtlichen Einordnung Ruth Schmidt-Wiegand, Deutsche Sprachgeschichte und Rechtsgeschichte seit dem Ausgang des Mittelalters, in: Werner Besch, et. al. (Hrsg.): Sprachgeschichte 2. Aufl. 1. Teilband, 1998, S. 92/93.

[32] Nicht umsonst konstituiert sich das deutsche Bildungsbürgertum als eine vom sprachlichen Volksgeist getragene funktionale Elite, die Bildung als ihr „Alleinstellungsmerkmal" definiert.

schen Wissens[33] (was etwa das Wolff'sche Beispiel angeht), es eröffnet aber auch die Möglichkeit der Einbindung „moderner" somit nicht lateinisch präformierter Wissensbestände[34] und die Präferenz für neue Texttypen, die sich alltagssprachlicheren Formen öffnen.[35]

Der zweite – zeitlich folgende – Faktor betont den Kontext von sprachlich-nationaler Prägung der Erkenntnisweisen und gleichzeitig die Bedeutung der Entfaltung der individuellen Idee, die in dieser Genauigkeit an die Muttersprache gebunden ist.

In gewisser Weise sind beide Punkte Voraussetzungen für den dritten Faktor, in dem die bildungsbürgerlich-aufgeklärte Welt die Basis für eine neue Art von wissenschaftlichem Diskurs prägt, die in der muttersprachlichen Form auch auf eine weitere Entwicklung der bürgerlichen (republikanischen) Diskurswelt zielt. Dabei spielen die auf rein sprachliche Wissenskonstitution zielenden Geisteswissenschaften eine dominante Rolle, eine gebildete europäische Mehrsprachigkeit sichert die notwendige Breitenwirkung. Das Deutsche wird hier etwa auch für Mittel- und Osteuropa vorbildhaft.[36]

4. Und die Moderne?

4.1 Linguafranca-Welt[37]

All das ist jetzt anders. Und zwar prinzipiell. Und um das Prinzipielle zu betonen, soll das in diesem Sinn Akzidentielle, die Folgen der deutschen nationalistischen Exzesse für die Geltung der deutschen Sprache, weniger in den Blick genommen werden.[38]

---

[33] Dazu kann man die mit Wolff und Thomasius angedeutete Entwicklung einer Sprache der Philosophie rechnen, die im 18. Jahrhundert zu Kant führt, um dann im 19. Jahrhundert einen als typisch deutsch angesehenen Wissenschaftsstil zu entwickeln, wie er sich in exemplarischer Weise in Hegels Schriften niederschlägt; man vgl. die entsprechende 19. Jahrhundertliche Kommentierung durch von der Gabelentz, aber auch schon Klopstock verspottet die Übertreibungen Kants in der Kompositabildung (vgl. Ludwig M. Eichinger/Claire Lüsebrink, Gespräche über die Sprache, in: Brigitte Schlieben-Lange (Hrsg.), Fachgespräche in Aufklärung und Revolution, Konzepte der Sprach- und Literaturwissenschaft 47, 1989, S. 197-240.).

[34] vgl. Gottscheds Übersetzung des „Dictionnaire historique et critique" Pierre Bayles.

[35] Dialoge; Zeitschriften; Katechismen; vgl. Eichinger a.a.O., 1990; Eichinger/Lüsebrink a.a.O.

[36] So beginnt etwa sogar die Sprachwissenschaft des Tschechischen ihre Emanzipation in der Wissenschaftssprache Deutsch; s. Dobrovský (1809).

[37] Die Formulierung dieser Überschrift mag andeuten, dass globale Sprachprobleme zwar Symptome auf Landesebene zeigen mögen (vgl. Harald Weinrich, Deutsch in Linguafrancaland, in: Akademie-Journal 2/2001, S. 6-9), Lösungen aber des Blicks darüber hinaus bedürfen.

[38] Einige wichtige Hinweise dazu bringt Ulrich Ammon, Entwicklung der deutschen Wissenschaftssprache im 20. Jahrhundert, in: Debus/Kollmann/Pörksen, 2000, S. 71/72; warum wir

Bedeutsamer ist ein anderer Punkt, der auch die „sprachliche Verschiebung" gerade in den letzten beiden Jahrzehnten besser zu erklären vermag. Es geht mehr um die übergreifende Geltung des Englischen als um den Verlust einer spezifischen einzelnen Sprache. Ein Satz wie das berühmte Zitat eines DFG-Präsidenten, dass „die Spitzenforschung englisch spreche (und schreibe)", zeugt von einer Veränderung in zweierlei Hinsicht. Zum ersten dominiert die Wissenschaftskultur der nicht (oder weniger) kultursensitiven Struktur- und Naturwissenschaften, und zum zweiten hat sich das traditionelle westeuropabasierte Interaktionsgefüge grundlegend verschoben.

Aleida Assmann hat in dem oben schon zitierten Aufsatz den Unterschied, der in der medialen Vermittlung zwischen dem natur- und dem geisteswissenschaftlichen Paradigma besteht, so beschrieben, dass Sprache für sie gegenüber so etwas wie Zahlen oder bildlichen Darstellungen ein sekundäres Medium sei.

Die Objekte naturwissenschaftlicher Forschung sind heute vor allem visuell kodiert in Diagrammen, Computergraphiken, Röntgenaufnahmen, Magnetresonanzbildern; deren Versprachlichung ist dann die Übersetzung in einen Hilfskode, der der Ergänzung und Rahmung des visuell Aufbereiteten dient.[39]

Auf dieser Ebene ist die Nutzung einer reduzierten natürlichen Sprache, wie es das Wissenschaftsenglische ist, kein größeres Problem. Das Englische als *lingua franca* der Wissenschaften funktioniert am problemlosesten, je formaler die Kontexte sind. Zum Beispiel sind viele mathematische Texte von einem Typ, dass außer Formeln, häufig internationalistischen (nominalen) Termini bzw. internationalen „Namen" nur sehr allgemeine Verben für Gleichsetzung, Grund-Folge-Beziehungen und dergleichen auftauchen, und dann Konnektoren und Modifikatoren (ja/nein), die nicht leicht fehlzulesen sind, da in diesen Texten zumeist dem Verlauf (realer oder mentaler) experimenteller Vorgänge nachgegangen wird, die zudem in Formeln und Schemata weithin vorgegeben sind.

Hier wäre andererseits der Aufwand, von der einen in die andere Sprache zu gehen, nicht sehr hoch – woraus man auch schließen könnte, so viel Deutsch könnte man auch leicht lernen. Allerdings kommt hier der zweite Punkt zum Tragen, der die sprachliche Welt weithin verändert hat. Was man gemeinhin Globalisierung nennt, ist ja eigentlich zumindest in letzter Zeit eher die Entstehung einer multipolaren Struktur von Interaktionsräumen, die zwar von westlichen Vorstellungen von Wissenschaft geprägt sind, aber nicht mehr in ein (sprachlich) eurozentrisches Muster passen. Das zentrale Ereignis dafür ist

---

bei unserer Analyse über den Tatbestand dieser historischen Belastung hinaus denken müssen, hat Wolfgang Klein, Das Ende vor Augen, in: Debus/Kollmann/Pörksen, 2000, S. 288, besonders provokant begründet.

[39] Assmann a.a.O., S. 62

zweifellos die „Verselbständigung" des asiatischen Raums. Mit dem Aufkommen in diesem Sinn regionaler Verständigungssprachen – so wird seit einigen Jahren statt europäischer Sprachen in Japan und Korea weithin Chinesisch gelernt – bilden sich großregionale Kommunikationsräume. Das führt, wenn die jeweilige Region überschritten wird, zur einsprachig englischen Interaktion.

An dieser Stelle spielt auch die Frage nach der genauen sprachlichen Qualität dieses Englisch – das ja nicht identisch ist mit der gleichnamigen Kultursprache – keine Rolle. Das gilt für viele der Struktur- und Naturwissenschaften, das ist schon bei den Wirtschafts- und Sozialwissenschaften anders und geradezu konstitutiv für die Arbeit der Geisteswissenschaften. Nicht umsonst kommt es bei ihnen im Zweifelsfall darauf an, zumindest Grundlagentexte „im Original" wahrnehmen zu können.[40]

4.2 Nutzen und Nachteil sprachlicher Homogenisierung

Die „großen" westlichen europäischen Sprachen haben die Entwicklung in die Moderne hinein sprachlich begleitet. Da damit eine entwickelte Nationalsprache wie das Deutsche die Möglichkeit des adäquaten Mitsprechens eigentlich in allen Bereichen bietet, ist der Gewinn, der durch den Übergang zum vereinheitlichten Englischen erreicht wird, mit zwei Arten von Verlust verbunden: mit einem Verlust an Präzision und Eigentümlichkeit, wie ihn die Muttersprache bietet, und mit einem Verlust an gleichberechtigter Mitsprache – intern gegenüber den Nutzern der internationalen Sprache und im weltweiten Kontext dann auch gegenüber englischen Muttersprachlern.

Wie kann man das Bedürfnis nach „grenzloser" Kommunikation und Wahrung von einer die eigenen diskursiven Traditionen achtenden Eigenständigkeit miteinander in Einklang bringen?

Die Möglichkeit, seine kommunikativen Bedürfnisse nur mittels einer *lingua franca* zu stillen, hat zwei grundsätzliche Grenzen. Die zwei Grenzen der Vereinheitlichungslösung sind die folgenden: Entweder bleibt die *lingua franca* genau das, dann findet die Kommunikation in einer relativen Ungenauigkeit statt, in der zum Beispiel die unterschiedlichen Traditionen des Sprechens eher zugedeckt als aufgehoben werden. Oder die *lingua franca* verliert diesen Charakter, wird zu einer jeweils national, regional oder kulturell angepassten Form dieser Sprache: dann leidet die internationale Verlässlichkeit.[41]

---

[40] Das erklärt auch, dass es auf dieser Ebene die regionale Aufteilung überschreitende Sprachgebräuche gibt. So ist es für Philosophen offenbar doch weltweit nützlich, Deutsch zu können, offenbar gilt das aber auch für Teile der Ingenieurwissenschaften (s. Gerhard Pahl, Deutsch in den Ingenieurwissenschaften, in: Debus/Kollmann/Pörksen, 2000, S. 244/45).

[41] Mögliche Konsequenzen der zweiten Entwicklung werden in David Graddol, English Next. Why global English may mean the end of English as a foreign language, British Council

4.3 Die Anpassungsfähigkeit subsidiärer Mehrsprachigkeit

Diese Aporie kann nur vermieden werden, wenn auf die Kraft der ausgebauten Nationalsprachen wie des Deutschen zurückgegriffen wird.

Es ist daher sinnvoll und nützlich, gerade in den Wissenschaften, in denen die sprachliche Konstitution von Wissen die zentrale Aktivität darstellt, auf eine neue Mehrsprachigkeit zu setzen, in der das Deutsche aufgrund seiner Bedeutung auf verschiedenen Ebenen sicher eine nicht unerhebliche Rolle spielen sollte. Das selbstverständlich, ohne auf die Nutzung des internationalen Verständigungsmittels Englisch zu verzichten. Solch eine funktionale Schichtung im Sinne eines sprachlichen Subsidiaritätsprinzips ist auch geeignet, den Status des Englischen als internationale Brücke nicht zu beeinträchtigen, noch dazu, da man jetzt schon sieht, wie sich durch die umfassende Vertretung des Englischen als Schulsprache, die selbst wenn man das wollte nicht durch englische Muttersprachler als Lehrer garantiert werden könnte, im Englischen Traditionen entstehen werden, die nicht mehr unmittelbar an die „Mutterländer" gebunden sind.

Die Geistes- und in gewissem Umfang die Sozialwissenschaften leben von der genauen sprachlichen Differenz, die sich in der Formulierung von Konzepten niederschlägt, die durch einen geringen Grad an Terminologisierung gekennzeichnet sind. Sie sind auch in ihren innerwissenschaftlichen Bezügen auf Diskussionen längerer Dauer angewiesen, die Kenntnis der kommunikativen Traditionen des Faches spielt eine zentrale Rolle. In diesen Wissenschaften reicht es nicht, sich an der jeweils neuesten internationalen Speerspitze der Forschung zu orientieren und dann einen Schritt weiterzugehen. Vielmehr sind die Texte in diesen Wissenschaften grundsätzlich eine Art intertextuellen Geflechts, in der die eigenständige Position häufig durch die Wahl einer Redeweise eingeführt wird, bei der die Eigentümlichkeit der Argumentation häufig dadurch angezeigt wird, dass Signale sprachlicher „Fremdheit" eingeführt werden. Die großen nationalen Sprachkulturen haben dabei ihren eigenen Charakter entwickelt, der am leichtesten nachzuvollziehen ist, wenn er in der Sprache dieser Traditionen des Sprechens abläuft.[42] Eine neue Art an den Bedürfnissen der jeweiligen Wissenschaft orientierten Mehrsprachigkeit ist die plausibelste Antwort auf solch eine Herausforderung.

2006: www.britishcouncil.org/learning-research-english-next.pdf; – immerhin einer offiziösen British-Council-Publication – durchgespielt.

[42] S. dazu zusammenfassend Gerd Antos/Karl-Heinz Pogner, Kultur- und domänengeprägtes Schreiben, in: Alois Wierlacher/Andrea Bogner (Hrsg.), Handbuch interkulturelle Germanistik, 2003, S. 397-399; auch Ruth Schmidt-Wiegand, Deutsche Sprachgeschichte und Rechtsgeschichte seit dem Ausgang des Mittelalters, in: Werner Besch, et al. (Hrsg.), Sprachgeschichte 2. Aufl. 1. Teilband, 1998.

Literatur

Theodor W. Adorno, Auf die Frage: Was ist deutsch, in: Kulturkritik und Gesellschaft II. Eingriffe, Stichworte, Anhang (Werke, 10.2), 1965 S. 699 f.

Vilmos Ágel, Syntax des Neuhochdeutschen bis zur Mitte des 20. Jahrhunderts, in: Werner Besch, et al. (Hrsg.): Sprachgeschichte. Ein Handbuch zur Geschichte der deutschen Sprache und ihrer Erforschung. 2. Auflage. 2. Teilband (= HSK 2.2), 2000, S.1855-1903.

Alexander von Humboldt Stiftung (Hrsg.), Publikationsverhalten in unterschiedlichen wissenschaftlichen Disziplinen. Beiträge zur Beurteilung von Forschungsleistungen. 2. (erweiterte) Auflage, AvH, 12/2009.

Ulrich Ammon, Entwicklung der deutschen Wissenschaftssprache im 20. Jahrhundert, in: Debus/Kollmann/Pörksen, 2000, S. 59-80.

Gerd Antos/Karl-Heinz Pogner, Kultur- und domänengeprägtes Schreiben, in: Alois Wierlacher/Andrea Bogner (Hrsg.), Handbuch interkulturelle Germanistik, 2003, S. 396-400.

Aleida Assmann, Die Geisteswissenschaftler als Schutzengel des kulturellen Gedächtnisses, in: Kodalle, 2007, S. 61-75.

Peter Auer/Harald Baßler (Hrsg.), Reden und Schreiben in der Wissenschaft, 2007.

Auswärtiges Amt (2009): Wissenswelten verbinden. Deutsche Außenpolitik für mehr Bildung, Wissenschaft und Forschung. (= Edition Diplomatie).

Friedhelm Debus/Franz Gustav Kollmann/Uwe Pörksen (Hrsg.), Deutsch als Wissenschaftssprache im 20. Jahrhundert, 2000.

Ronald Dietrich, Der Gelehrte in der Literatur. Literarische Perspektiven zur Ausdifferenzierung des Wissenschaftssystems, 2003.

Josef Dobrovský, Ausführliches Lehrgebäude der böhmischen Sprache, 1809.

Konrad Ehlich, 18 Thesen zum Deutschen als Wissenschaftssprache für das 21. Jahrhundert, in: Debus/Kollmann/Pörksen, 2000, S. 273-275.

Konrad Ehlich, Mehrsprachigkeit in der Wissenschaftskommunikation – Illusion oder Notwendigkeit, in: Ehlich/Heller, 2006, S. 17-38.

Konrad Ehlich/Dorothee Heller (Hrsg.), Die Wissenschaft und ihre Sprachen (= linguistic insights 52), 2006.

Ludwig M. Eichinger, Von der Heldensprache zur Bürgersprache. Wandel der Sprechweisen über Sprache im 18. Jahrhundert, in: Wirkendes Wort 40, 1990, S. 74-94.

Ludwig M. Eichinger, Syntaktischer Wandel und Verständlichkeit. Zur Serialisierung von Sätzen und Nominalgruppen im frühen Neuhochdeutschen, in: Heinz L. Kretzenbacher/Harald Weinrich (Hrsg.), Linguistik der Wissenschaftssprache, 1995, S. 301-324.

Ludwig M. Eichinger, Deutsch als Fremdsprache, in: Alexander von Humboldt Stiftung 2009, S. 56-58.

Ludwig M. Eichinger/Claire Lüsebrink, Gespräche über die Sprache, in: Brigitte Schlieben-Lange (Hrsg.), Fachgespräche in Aufklärung und Revolution, Konzepte der Sprach- und Literaturwissenschaft 47, 1989, S. 197-240.

Hans-Martin Gauger, Der etymologische Holzweg, in: ders., Über Sprache und Stil, 1995, S. 62-81.

Johann Christoph Gottsched, Ausführliche Deutschen Redekunst, 1736.

David Graddol, English Next. Why global English may mean the end of English as a foreign language, British Council 2006: www.britishcouncil.org/learning-research-english-next.pdf.

Hans Hattenhauer, Zur Geschichte der deutschen Rechts- und Gesetzessprache, 1987.

Johann Heinrich Gottlob von Justi, Anweisung zu einer guten deutschen Schreibart und allen in den Geschäften und Rechtssachen vorfallenden schriftlichen Ausarbeitungen, 1758.

Immanuel Kant, Der Streit der Fakultäten. Mit Einleitung, Bibliographie und Anmerkungen von Piero Giordanetti, 2005 (1797).

Hans Kiefner, Zur Sprache des Allgemeinen Landrechts, in: Barbara Dölemeyer/Heinz Mohnhaupt (Hrsg.), 200 Jahre Allgemeines Landrecht für die Preußischen Staaten: Wirkungsgeschichte und internationaler Kontext, 1995, S. 23-78.

Wolfgang Klein, Das Ende vor Augen, in: Debus/Kollmann/Pörksen, 2000, S. 287-291.

Klaus-Michael Kodalle (Hrsg.), Geisteswissenschaften – Im Gegenwind des Zeitgeistes. Mainz: Akademie der Wissenschaften und der Literatur, 2007.

Adam Heinrich Müller, Die Elemente der Staatskunst, 1809.

Gerhard Pahl, Deutsch in den Ingenieurwissenschaften, in: Debus/Kollmann/Pörksen, 2000, S. 239-245.

Oskar Reichmann, Deutlichkeit in der Sprachtheorie des 17. und 18. Jahrhunderts, in: Harald Burger/Alois M. Haas/Peter von Matt (Hrsg.), Verborum Amor: Studien zur Geschichte und Kunst der deutschen Sprache, 1992, S. 448-481.

Ulrich Ricken, Zum Thema Christian Wolff und die Wissenschaftssprache der deutschen Aufklärung, in: Heinz L. Kretzenbacher/Harald Weinrich (Hrsg.), Linguistik der Wissenschaftssprache, 1995, S. 41-90.

Jürgen Schiewe, Von Latein zu Deutsch, von Deutsch zu Englisch, in: Debus/Kollmann/Pörksen, 2000, S. 81-104.

Jürgen Schiewe, Was spricht dafür, das Deutsche als Wissenschaftssprache zu erhalten?, in: Uwe Pörksen (Hrsg.), Die Wissenschaft spricht englisch?, 2005, S. 75-80.

Jürgen Schiewe, Zum Wandel des Wissenschaftsdiskurses in Deutschland, in: Peter Auer/Harald Baßler (Hrsg.), Reden und Schreiben in der Wissenschaft, 2007, S. 31-52.

Hartmut Schmidt, Traditionen des Formulierens: Apposition, Triade, Alliteration, Variation, in: Heidrun Kämper/Hartmut Schmidt (Hrsg.), Das 20. Jahrhundert. Sprachgeschichte – Zeitgeschichte. (Jahrbuch 1997 des Instituts für Deutsche Sprache), 1989, S. 86-117.

Ruth Schmidt-Wiegand, Deutsche Sprachgeschichte und Rechtsgeschichte seit dem Ausgang des Mittelalters, in: Werner Besch, et al. (Hrsg.): Sprachgeschichte 2. Aufl. 1. Teilband, 1998, S. 87-98 (zum ALR 92/93).

Arthur Schopenhauer, Parerga und Paralipomena II, in: Arthur Schopenhauers Werke in fünf Bänden V, 1991 (1851).

Johannes Schwitalla, Komplexe Kanzleisyntax als sozialer Stil. Aufstieg und Fall eines sprachlichen Imponierhabitus, in: Inken Keim/Wilfried Schütte (Hrsg.), Soziale Welten und kommunikative Stile, 2002, S. 379-398.

Jürgen Trabant, Was ist Sprache?, 2008.

Harald Weinrich, Deutsch in Linguafrancaland, in: Akademie-Journal 2/2001, S. 6-9.

Hans Günter Dosch

Formale Sprache und Umgangssprache in den Naturwissenschaften

Es ist mir eine Freude und Ehre, einen Beitrag zu diesem Symposion zu leisten, doch gleichzeitig tue ich dies mit einer gewissen Beklemmung; nicht nur, weil mir die turbulente Vorgeschichte wenig Zeit ließ, mich einzustimmen, sondern auch, weil das Thema mich zwar schon lange beschäftigt, ich mich aber dazu noch nie formal geäußert habe. Ich bitte Sie daher, meine Äußerungen eher als Anregungen zu einer Diskussion, denn als eine fertige These oder gar als ein systematisches Gedankengebäude zu betrachten.

Es kommt hinzu, dass über die Sprache der Physik, die nun einmal meine wissenschaftliche Muttersprache ist, Herr Honerkamp einen eigenen Vortrag halten wird, und ich mir also versagen muss, mich ausschließlich auf vertrautem Terrain zu bewegen. Dennoch kann und will ich den Bezug auf die Physik nicht völlig aufgeben. Damit lassen sich Überschneidungen, ja möglicherweise auch Widersprüche nicht ganz vermeiden. Denn so einig sich Naturwissenschaftler im Allgemeinen sind, wenn es um Fragen *in* ihrer Wissenschaft geht, so stark differieren oft Ihre Ansichten *über* die Wissenschaft. Ernst Cassirer hat das scharf beobachtet:

> *Ihr Tun (in seinem Beispiel: das der Physiker) weist eine innere Stetigkeit, eine innere Geschlossenheit auf, auch dort, wo ihre Urteile über dieses Tun sich weit voneinander unterscheiden.*[1]

Viele Missverständnisse über die Naturwissenschaften ließen sich vermeiden, wenn Historiker, Philosophen und Soziologen der Naturwissenschaften dies berücksichtigten.

Als eine formale Sprache in der Wissenschaft bezeichne ich die, in der die Arbeiten in den Periodika und die Monographien des Faches verfasst sind, mit der Umgangssprache die, mit der die Wissenschaftler untereinander informell kommunizieren, etwa mündlich oder durch E-Mail, auf English wäre deshalb der Titel etwas einfacher, nämlich *„Formal and informal language in science"*. Wie auch in der nicht-spezialisierten Sprache gibt es allerdings keine

---

[1] Ernst Cassirer, Determinismus und Indeterminsmus in der modernen Physik, Goeteborg 1937, p. 38

scharfe Grenze zwischen den beiden, und vor allem gibt es einen ständigen Fluss von der Umgangssprache in die formale Sprache, worauf ich später kurz eingehen werde. Über formalisierte Sprachen, etwa im Sinne Gottlob Freges, werde ich nicht sprechen, da sie in den Naturwissenschaften m. W. keine Rolle spielen. Allerdings führt natürlich kein Weg vorbei an der vielleicht einzigen *lingua universalis*, die die Menschheit bis jetzt geschaffen hat, der Mathematik.

Ich beginne mit der Sprache der Chemie. Das hat seinen einfachen Grund darin, dass der Theoretische Chemiker Roald Hoffmann sich darüber besondere Gedanken gemacht hat. Hoffmann ist ein bedeutender Chemiker – er wurde 1981 für „seine Theorien über den Verlauf chemischer Reaktionen" mit dem Nobelpreis ausgezeichnet – und er hat auch ein besonderes Verhältnis zur Sprache. Das kommt schon in seiner kurzen Nobel-Autobiographie zum Ausdruck:[2]

> *It seems obvious to me to use words as best as I can in teaching myself and my coworkers. Some call that research... . The words are important in science, as much as we might deny it, as much as we might claim that they just represent some underlying material reality*

Mit dieser Einschätzung von der Bedeutung der Sprache in der Wissenschaft, besonders der Chemie, steht Hoffmann in bester Tradition.

Der Begründer der modernen Chemie, Antoine Lavoisier beginnt sein Vorwort zum „Traité Élémentaire de Chimie" mit einer Eulogie auf Étienne Bonnot de Condillac und er schreibt:

> *...toute science physique est formée des trois choses: La série des faits qui constituent la science; les idées qui les rappellent; les mots qui les expriment. Le mot doit faire naitre l'idée...*[3]

Hoffmann sieht eine besonders enge Beziehung zwischen poetischer und wissenschaftlicher Sprache, da beides Sprachen unter starker Spannung sind, die versuchen, das eigentlich Unbeschreibbare zu beschreiben. Die Ursache für die Trennung der beiden sieht er im Konflikt der Naturwissenschaft mit der Naturphilosophie im Deutschland des frühen 19. Jahrhunderts.

> *I think the chemical article form rigidified finally in the 1830s and 1840s and that Germany was the scene of hardening. The formative struggle was between the founders of modern German chemistry – people such as Liebig, and the Naturphilosophen... The early 19th century scientific article*

---

[2] Roald Hoffmann, in: Les Prix Nobel, The Nobel Prizes 1981, Editor Wilhelm Odelberg, Nobel Foundation, 1982
[3] Antoine Lavoisier : Traité Élémentaire de Chimie, 1789, p IV.

evolved to counter the seemingly pernicious influence of the Natural Philosophers. The facts (...) should be presented unemotionaly (...) and with no prejudgement of structure or causality.[4]

Er fährt fort, dass aus interessanten geopolitischen Gründen nun die dominierende Sprache Englisch ist, dass sich aber nichts am Aufbau und Stil der Sprache geändert habe.

Dieser Vermeidung jeder Emotion und subjektiven Komponente begegnet man übrigens nicht, oder zumindest in viel geringerem Masse, in der Physik. Georg Simon Ohm, der sicher ein harter Physiker war und wegen mangelnder naturphilosophischen Neigungen nicht nach Berlin berufen wurde, war um 1840 in eine Kontroverse mit August Seebeck geraten. Es ging über die physikalische Grundlage der Tonhöhe. Ich will – so gern ich das auch täte – hier nicht auf die Sache eingehen, sondern nur auf die Sprache, und die ist zumindest stellenweise alles andere als nüchtern und emotionslos. Ich zitiere Ohms Urteil über die Thesen Seebecks, es stammt aus einer Arbeit in der berühmten Zeitschrift „Annalen der Physik und Chemie" von 1844:

Ehe ich aber zu solchen Annahmen, die mir unaufhörlich ihr geisterhaftes „Ich bin's und bin's auch wieder nicht" schmerzhaft in das Ohr raunen, meine Zuflucht nehme, stelle ich lieber, keck wie Columbus, das Ei gleich auf die Spitze und behaupte: Jene von Seebeck wahrgenommenen Widersprüche beruhen auf einer Gehörtäuschung... .[5]

Diese unverhohlen subjektive, durchaus nicht ihren spekulativen Charakter verhehlende Sprache ist in der Physik nicht ausgestorben. Als einleitende Motivation für sein *Model of Leptons*, eine Arbeit die zum Nobelpreis führte, schrieb Steven Weinberg:

Leptons interact only with photons and with the intermediate bosons that presumably mediate weak interactions.[6]

Hier ist das subjektive „vermutlich" schon sehr optimistisch, es gab damals noch keinerlei experimentellen Hinweise auf die Existenz solcher Teilchen; aber dennoch fährt er fort:

What could be more natural than to unite these spin one bosons into a multiplet of gauge fields.

---

[4] Roald Hoffmann, Under the Surface of the Chemical Article, in: Angewandte Chemie, International Edition in English, Volume 27, No. 12, December 1988, S. 1594.
[5] Georg Simon Ohm, Noch ein paar Worte über die Definition des Tones, in: Annalen der Physik und Chemie 62, 1844, S. 15.
[6] Steven Weinberg, A Model of Leptons, Physikal Review Letters 19, 1967, S. 1264.

Solch kühne Konjekturen haben durchaus Tradition: Man findet eine Argumentation, die genauso strukturiert ist wie bei Weinberg, auch in Johannes Keplers Jugendschrift *Mysterium Cosmographicum*.[7] Dort stellt er sich die Aufgabe, die Zahl der Planeten und die Größenverhältnisse ihrer Umlaufbahnen zu erklären. Er stellt fest, dass es nach Copernicus genau 6 Planeten und damit 5 Größenverhältnisse gebe. Nach Euklid wiederum gebe es genau 5 regelmäßige gleichflächige und gleichwinklige Körper – die sogenannten Platonischen Körper – und so fährt er fort (ich übersetze sehr frei):

Wir haben mit der Planetenbewegung Sphären und platonische Körper in ihrer Anzahl und mit Größenverhältnissen. Was bleibt noch übrig ... als auch in diesem Planetengebäude den Sphären Körpern und den Körper Planetensphären ein und umzubeschreiben.[8]

Damit erklärt er sowohl die Zahl der Planeten, als auch die Verhältnisse ihrer Abstände zur Sonne. Aber obgleich die Zahlenwerte recht befriedigend waren, stellte sich später heraus, dass die Übereinstimmung wohl rein zufällig war. Die Arbeit spielte dennoch eine wichtige Rolle für die weiteren bahnbrechenden Arbeiten Keplers.

Ich hätte nicht gewagt, diese Parallele in der Sprache, die mir bei der Lektüre des Mysterium Cosmographicum ins Auge fiel, als typisch darzustellen, wenn nicht Weinberg in seinem populärwissenschaftlichen Buch „The Dreams of a Final Theory" selbst eine Parallele zwischen seiner und Keplers Arbeit gesehen hätte. Dort schreibt er:

To a scientist today it may seem a scandal that one of the founders of modern science should invent such a fanciful model ... But Kepler was not a fool. The kind of speculative reasoning he applied to the solar system is very similar to the sort of theorizing that elementary particle physicists do today; we do not associate anything with the Platonic solids, but we do believe for instance in a correspondence between different possible kinds of force and different members of the Cartan catalog of all possible symmetries.[9]

In dieser Bemerkung liegt, glaube ich, auch der Schlüssel zum Verständnis für die Bereitschaft der Physiker, kühne Spekulationen offen als solche zu be-

---

[7] Johannes Kepler, Prodomus Dissertationim Cosmographicarum, continens Misterium Cosmographicum, Tübingen 1596 in GW, Max Caspar (Hrsg.), I.

[8] „Habemus orbem propter motum, et corpora propter numerum et magnitudines: quid restat amplius ... atque in hac mobilium fabrica corpora orbibus, et orbes corporibus inscripsisse tantisper, dum nullum amplius corpus restaret, quod non intra et extra mobilibus orbibus vestitum esset", loc. cit. S. 26.

[9] Steven Weinberg, Dreams of a Final Theory, 1992, S. 164.

zeichnen und ihnen dennoch vertrauensvoll zu folgen: Die mathematischen Strukturen in allen drei angeführten Beispielen sind äußerst komplex und nur durch lange und komplizierte Argumentationsketten erschließbar.

Der Beweis, dass es *genau 5 Körper* gibt, deren Oberfläche aus gleichflächigen und gleichwinkligen Polygonen zusammengesetzt ist, ist der krönende Abschluss im 13. – dem letzten – Buch der Geometrie des Euklid. Die *Fourier-Analyse*, die Ohm in die Akustik eingeführt hatte und auf die er sich gegenüber Seebeck bezieht, stellte sich als eine der wichtigsten Methoden der mathematischen Physik heraus und hatte auch in der Mathematik, ja sogar der Logik, weitreichende Auswirkungen. Die *Cartan'sche Klassifizierung* der Lie-Gruppen schließlich ist eine der erstaunlichsten Systematisierungen in der Mathematik überhaupt.

Diese Komplexität der mathematischen Strukturen hat Folgen für die Physik: Die Modellierung der Phänomene in solch weitgestecktem mathematischen Rahmen führt häufig dazu, neue gänzlich unerwartete Phänomene zu entdecken, ein Vorgang der weit über eine simple Extrapolation hinausgeht. Herr Honerkamp wird darauf im Zusammenhang mit den Maxwell'schen Gleichungen noch näher eingehen.

Dieser Bezug auf äußerst komplexe und von der Anschauung weit entfernte, ja oft der Anschauung widersprechende mathematische Modelle, die aber dennoch sehr wichtige und überprüfbare Konsequenzen haben, der ist es wohl, der den Physikern die Freiheit zu einer recht kecken Sprache gibt. Im Gegensatz dazu haben viele spezifische Ausdrücke der Chemie und der Biologie auch eine anthropomorphe Konnotation, wie Scheidung, Afinität, Hemmung etc, und man will dort wohl in der gesamten Formulierung besonders vorsichtig sein, um nicht irgendeinen Anschein von Subjektivität zu erwecken.

Die unterschiedliche Sprache lebenswissenschaftlicher und physikalischer Arbeiten ist mir übrigens auch persönlich sehr bewusst geworden, seit ich in einer neurophysiologisch Gruppe mitarbeite. Fast alle Sätze, die ausschließlich auf meinen Vorschlag in die Arbeiten einfließen, werden von den Gutachtern bemängelt oder gestrichen.

Der freiere Stil in der Sprache der Physik drückt keine Missachtung vor der Bedeutung der Fakten aus, wohl aber ein größeres Misstrauen gegen das, was als Faktisch bezeichnet wird, und vor allen Dingen eine größere Skepsis gegenüber der Möglichkeit einer scharfen Trennung von Theorie und Fakten.

Die Relevanz der Fakten hing schon immer von der Theorie ab. Die Keplersche Theorie über Zahl und Abstände der Planeten ist dafür ein gutes Beispiel. Das oben angeführte Zitat aus Weinbergs „Dreams of a Final Theory" geht weiter:

> *Where Kepler went wrong was not in using this kind of guesswork, but in supposing (as most philosophers before him had supposed) that planets are important.*[10]

Wobei er dann *wichtig* im Sinne von „wichtig für eine fundamentale Theorie" einschränkt.

In neuerer Zeit kommt aber ein weiterer entscheidender Punkt hinzu: Mit zunehmender Komplexität der Datennahme wird auch die *direkte* Abhängigkeit der experimentellen Ergebnisse von der Theorie immer grösser. Bei den bildgebenden Verfahren, wie etwa der funktionellen Kernspin-Tomographie, ist dies besonders eklatant. Als Physiker erschiene mir da oft eine vorsichtigere und die subjektive Interpretation nicht verhehlende Sprache von Seiten der Lebenswissenschaftler angemessen.

Bevor ich zur Mathematik zurückkomme, will ich ganz kurz auf die Umgangssprache in den Wissenschaften, den Laborjargon, eingehen, genaugenommen darauf, wie dieser, besonders in der letzten Zeit, einen immer größeren Einfluss auch auf die formale Sprache ausübt. Hier muss ich natürlich bei der Wissenschaft bleiben, bei der ich mich auskenne, bei der Physik und ich will auch nur ein Beispiel nennen, das allerdings sattsam bekannt ist: Den Bi*g* Bang. Ich muss hier den englischen Ausdruck benutzen, denn die deutsche Übersetzung, Urknall, ist eine Verfälschung, die einem recht offensichtlichen Jargon-Ausdruck eine tiefere Bedeutung andichtet.

Das Ausdruck „Big Bang" fand durch Fred Hoyle Eingang in die Astrophysik, und zwar im abwertenden Sinne. Fred Hoyle war Exponent der damals vorherrschenden kosmologischen Theorie, dass das Universum sich in einem stationären Zustand befinde, also keine Zeitrichtung ausgezeichnet sei. Als unter dem Einfluss der Beobachtungen Hubbles und auch der Einsteinschen Gleichungen immer stärker die Hypothese diskutiert wurde, dass der Verlauf in der Zeit nicht homogen sei, soll Fred Hoyle sinngemäß gefragt haben:

> *Ja, glaubt Ihr denn, dass das Universum mit einem großen Knall begonnen hat.*

Dieser Ausdruck hat sich gehalten, denn die Übersetzung in die formale Sprache wäre recht kompliziert, etwa so: Wenn man nach den heute bekannten Naturgesetzen, insbesondere den Einsteinschen kosmologischen Gleichungen, die Geschichte des Universums zurückrechnet, dann findet man, dass es vor 13.73 ± 0.15 Milliarden Jahren einen Zeitpunkt gab, in dem der Einheitsmaßstab die Länge Null hatte, dieser Zeitpunkt wird mit *Big Bang* bezeichnet. Gleichzeitig wird Ihnen aber auch jeder Astronom und Physiker sofort bestäti-

---

[10] Steven Weinberg, loc cit., 1992, S. 164.

gen, dass diese Extrapolation zwar für eine sehr lange Zeit zuverlässig ist, nämlich bis Bruchteile von Nanosekunden vor dem *Big Bang*, dass sie aber dann mit größter Wahrscheinlichkeit zusammenbricht.

In diesem Zusammenhang hat ein Fachbegriff der Commedia dell'Arte in der Fachsprache der Naturwissenschaften Eingang gefunden. Man spricht bei solchen sehr unsicheren, aber denkmöglichen Modellen von Szenarien, so z. B. vom Szenario des *Big Bounce*.

Hat die Beibehaltung des Jargonausdrucks in der Fachsprache also durchaus eine Berechtigung, da eine formal korrekte Beschreibung in der Tat sehr umständlich wäre, so birgt dies allerdings auch Gefahren. Der plastische Ausdruck aus dem Jargon täuscht eine leichte Verständlichkeit einer in Wahrheit sehr komplexen Theorie vor und jeder glaubt, auch ohne Kenntnis der Mathematik, hier mitreden zu können.

Und hier komme ich nun zum letzten Punkt, der Rolle der Mathematik in den Naturwissenschaften. Da Herr Honerkamp in seinem Beitrag die Rolle der Mathematik in der Physik insbesondere an Beispielen behandelt, will ich hier nur auf allgemeine Aspekte eingehen. Zunächst möchte ich ein Missverständnis ausräumen, das besonders unter deutschen Geisteswissenschaftlern verbreitet ist, nämlich dass Mathematik reine Mess- und Rechenkunst sei und dass sich ihre Bedeutung für die Physik in der „Formelsprache der Mathematiker", wie Goethe sagt, erschöpfe. Natürlich sind die Formeln, die messbare Ergebnisse vorhersagen, ganz wesentlich für die Physik, aber sie erschöpfen den Beitrag der Mathematik keineswegs. Mit einem gewissen ironischen Augenzwinkern schreibt der große mathematische Physiker Eugene Wigner:

Mathematics is the science of skillful operations with concepts and rules invented just for this purpose.

und er führt begründend fort:

Mathematics would soon run out of interesting theorems if these had to be formulated in terms of the concepts which already appear in the axioms. Furthermore, whereas it is unquestionably true that the concepts of elementary mathematics and particularly elementary geometry were formulated to describe entities which are directly suggested by the actual world, the same does not seem to be true of the more advanced concepts, in particular the concepts which play such an important role in physics.[11]

---

[11] Eugene Wigner, The Unreasonable Effectiveness of Mathematics in the Natural Sciences, in: Communications in Pure and Applied Mathematics, Vol. 13, I, 1960.

Diese kreative Rolle der Mathematik ist auch der Grund dafür, dass die für die Physik wichtigen mathematischen Begriffe nicht Ausdrücke aus dem Fachjargon sind, die auch leicht in der Umgangssprache auszudrücken wären. Eine gewisse mathematische Bildung ist also für ein adäquates Verständnis der theoretischen Grundlagen unerlässlich. Daraus ergibt sich eine wichtige Konsequenz: Es bedarf nicht nur einer Anstrengung von Seiten der Gemeinschaft der Wissenschaftler, die Inhalte ihrer Wissenschaft so verständlich wie möglich zu vermitteln, sondern auch einer Bereitschaft der „Gesellschaft", eine gewisse mathematische Bildung zu erwerben und sich auf vielgliedrige Schlussketten, wie sie in der Mathematik nötig sind, einzulassen. Leider ist gerade im deutschen Sprachraum[12] der Stellenwert der mathematischen Bildung recht gering, in „geistigen Kreisen" herrscht ein „günstiges Vorurteil über Verstöße gegen Mathematik, Logik und Genauigkeit; sie werden unter den Verbrechen wider den Geist gern zu den ehrenvollen politischen gezählt, wo der öffentliche Ankläger eigentlich in die Rolle des Angeklagten gerät", wie Robert Musil treffend bemerkte.[13]

Ich will die Bedeutung des strukturierenden Elementes, wenn Sie so wollen, des sprachlichen Elements, der Mathematik nur an einem Beispiel klarmachen, der Differentialrechnung. Diese stand am Anfang der modernen Physik im 17. Jahrhundert. Sie wurde von Newton um 1770 erstmals im Zusammenhang mit der Mechanik entwickelt, aber in seiner Darstellung der Principia Mathematica Philosophiæ naturalis kaum explicit verwendet. Newton hatte gute Gründe für diese Zurückhaltung: Zum einen hatte er offenbar selbst sehr starke Skrupel, was mathematische Exaktheit betraf, und zum anderen stand seine Physik in so starkem Gegensatz zum Cartesischen Zeitgeist, dass er zumindest in der mathematischen Darstellung so konservativ wie möglich sein wollte. Er hatte damit Erfolg, sein Kritiker, der große konservative Mathematiker und Physiker Christiaan Huygens, musste John Locke auf dessen Anfrage bestätigen, dass die *Mathematik* in den Principia korrekt sei. Dies war dann für Locke wiederum ausreichend, um die Newtonsche „Experimentalphilosophie" zu übernehmen.

Leibniz, der andere Erfinder der Differentialrechnung, ging von ganz anderen Voraussetzungen aus. Zwar wurde er von Huygens in die Mathematik eingeführt, die Auffassung des genialen Logikers Leibniz von der Mathematik als ein Modell für eine *characteristica universalis* waren aber sehr viel umfas-

---

[12] Hier trifft Goethe sicher eine gewisse Schuld, aber auch in Italien findet man solche Tendenzen, so z. B. Hans Günter Dosch, Goethes Naturforschung im Lichte der exakten Naturwissenschaft, in: Dieter Borchmeyer (Hrsg), Goethe im Gegenlicht, 2000, und Hans Günter Dosch, Vico's Revenge, in: Enno Rudolph (Hrsg.), Die Renaissance und ihr Bild in der Geschichte, 1998.
[13] Robert Musil, Geist und Erfahrung, 1921.

sender als die des klassischen „Geometers" Huygens. Leibnizens Interessen waren auch allgemeiner als die des genialen Physikers Newtons, Leibniz ging es viel mehr um neue allgemeine Strukturen als um physikalische Anwendungen.

Auch er beschäftigte sich lange mit dem Problem, bevor er 1685 in den *Acta Eruditorum* eine Arbeit veröffentlichte, die den barocken Titel trägt „*Neue Methode für Maxima und Minima, ebenso für Tangenten, die weder bei schwammigen noch irrationalen Größen verweilt, und eine einzigartige Kunst der Berechnung für jene*".[14] Mit dieser Arbeit gelang es ihm, in einem Wurf die Struktur der Differentialrechnung aufzustellen: Er führte als neuen Begriff, das Differential einer Größe ein, das durch die beiden folgenden Strukturen bestimmt ist:

$$d(x + y) = dx + dy \quad \text{und} \quad d(xy) = dx\, y + x\, dy$$

Die erste Struktur, die der Linearität war altvertraut, aber die 2., die Leibnizsche Regel, war etwas Neues und bestimmt die gesamte Differentialrechnung. Leibniz erkannte die Allgemeinheit der von ihm gefundenen Struktur, er sah z. B. dass man mit ihrer Hilfe auch allgemeine Kurven algebraisch diskutieren konnte, was z. B. Descartes noch für unmöglich gehalten hatte. Ich möchte nur ganz kurz zeigen, dass aus dieser Struktur z. B. die Ableitung einer Parabel folgt, die einigen von Ihnen vielleicht noch aus der Schulzeit bekannt ist:

$$dx^2 = x\, dx + dx\, x = 2x\, dx$$

In unserem Zusammenhang ist besonders interessant: Nicht die speziell für die Mechanik entwickelte „Fluxionsrechnung" Newtons, sondern die universelle, sich auf Strukturen konzentrierende Sprache der Differentialrechnung Leibnizens fiel in den Naturwissenschaften auf fruchtbaren Boden.

> *And so it happened that the true development of the Newtonian tradition in theoretical science took place in France and Germany and was expressed in the language of the Leibnizian calculus, which the empiricist Newtonians of England were neither able to understand nor willing to learn.*

schreibt der britische Wissenschaftshistoriker Rupert Hall.[15]

Natürlich ist die Mathematik nicht die einzige Sprache der Naturwissenschaften. In den weitgehend empirisch dominierten, wie den Lebenswissen-

---

[14] Gottfried Wilhelm Leibniz, Nova methodus pro maximis et minimis, itemque tangentibus, quae nec fractas nec irrationales quantitates moratur, et singulare pro illis calculi genus, Acta eruditorum, 1684.
[15] Rupert Hall, From Galileo to Newton, 1981, S. 321

schaften und auch der Chemie, ist dies evident, aber auch in den stark durch die Theorie geprägten, wie der Physik, spielt das Wort eine große Rolle. Die mathematischen Strukturen, in denen die Phänomene geordnet werden, sind in vielen Fällen alles andere als offensichtlich, sie zu finden ist eine der wichtigsten geistigen Leistungen der Naturwissenschaft.[16] Wir denken wohl in Bildern und um diese Bilder zu formalisieren bedarf es der Sprache. Ein sehr schönes Beispiel dafür ist die Entstehung der Maxwellschen Elektrodynamik. Im Vorwort zur ersten Auflage seines „A Treatise on Electricity and Magnetism" schreibt Maxwell,[17] dass er die Ideen Faradays, die dieser vor seinem geistigen Auge sah, in eine mathematische Form übersetzte. Auch die Arbeiten Niels Bohrs, die für die Entstehung der Quantenphysik so eminent wichtig waren, enthalten oft sehr viele Worte und wenig Formeln. In diesen und vielen anderen Fällen bestätigt sich die Aussage Lavoisiers, dass das Wort die Gedanken gebiert.

Ich komme zum Schluss noch einmal auf Kepler und Weinberg zurück. So ganz unvermittelt subjektiv wie das Weinberg'sche *„What could be more natural"* ist das Keplersche „Was noch bleibt" *(Quid restat amplius)* nicht, denn Kepler rechtfertigt sein Spekulieren durch einen Nebensatz: „Da wir mit Platon sagen wollen, dass der Gott immer Mathematik treibe".[18]

Leider können wir es uns heute nicht mehr so einfach machen wie Kepler, nachdem, wie Cassirer sagte, „jäh und unvermittelt, die Hume'sche Skepsis hereingebrochen ist".[19] Wigner gab der Arbeit, aus der ich oben zitierte, den Titel *„The Unreasonable Effectiveness of Mathematics in the Natural Sciences"*. Diese unbegründbare Effektivität der Mathematik ist und bleibt ein Rätsel und Wigner schreibt:

> *The miracle of the appropriateness of the language of mathematics for the formulation of the laws of physics is a wonderful gift which we neither understand nor deserve. We should be grateful for it and hope that it will remain valid in future research and that it will extend, for better or for worse, to our pleasure, even though perhaps also to our basement, to wide branches of learning.*[20]

---

[16] Weinbergs Zusammenfassung sehr verschiedener Teilchen in ein Multiplett wäre 70 Jahre früher alles andere als „natürlich" gewesen. Die Bedeutung der Symmetriegruppen in der Mikrophysik wurde erst in den zwanziger Jahren des 20. Jahrhunderts erkannt, Eugene Paul Wigner hatte dabei einen ganz entscheidenden Anteil

[17] James Clerk Maxwell, A Treatise on Electricity and Magnetism, 1873.

[18] „Habemus orbem propter motum, et corpora propter numerum et magnitudines: quid restat amplius, quin dicamus cum Platone, θεὸν ἀεὶ γεωμετρεῖν.", loc. cit., S. 26.

[19] Ernst Cassirer, loc. cit., S. 22 (d. i. Determinismus etc., s. FN 1).

[20] Eugene Wigner, loc. cit.

Allerdings sollten wir nicht vergessen, dass dieses Wunder auch seinen Preis hat, nämlich eine enorme Beschränkung. Die Physik handelt genau von den Erscheinungen, auf die sich die Mathematik anwenden lässt, man kann sagen, die Physik verdankt ihre Objektivität nicht der Mathematisierung, sondern sie lässt sich wegen ihrer Objektivität mathematisieren. Es gibt also keinerlei Gewähr dafür, dass eine Übertragung der in den exakten Naturwissenschaften erfolgreichen Methoden auf andere Gebiete sinnvoll ist. Eine vertiefte mathematische Bildung, für die ich oben plädiert habe, könnte gegen falsche Erwartungen ein wirksames Regulativ sein.

Literatur

Ernst Cassirer, Determinismus und Indeterminsmus in der modernen Physik, 1937
Hans Günter Dosch, Vico's Revenge in E. Rudolph (Hrsgb) Die Renaissance und ihr Bild in der Geschichte, 1998
Hans Günter. Dosch, Goethes Naturforschung im Lichte der exakten Naturwissenschaft in D. Borchmeyer (Hrsg), Goethe im Gegenlicht, Heidelberg 2000
Rupert Hall, From Galileo to Newton, 1981
Roald Hoffmann, in: Les Prix Nobel, The Nobel Prizes 1981, Editor Wilhelm Odelberg, Nobel Foundation, 1982
Roald Hoffmann, Under the Surface of the Chemical Article, in: Angewandte Chemie, International Edition in English, Volume 27, No. 12, December 1988
Johannes Kepler, Mysterium cosmographicum, in GW, Max Caspar (Hrsg.), 1938, 1: 26, Johannes Kepler, Quin dicamus cum Platone.
Antoine Lavoisier : Traité Élémentaire de Chimie, 1789
Gottfried Wilhelm Leibniz, Nova methodus pro maximis et minimis, itemque tangentibus, quae nec fractas nec irrationales quantitates moratur, et singulare pro illis calculi genus, Acta eruditorum, 1684
James Clerk Maxwell, A Treatise on Electricity and Magnetism, 1873.
Robert Musil, Geist und Erfahrung, 1921
Georg Simon Ohm, Noch ein paar Worte über die Definition des Tones, in: Annalen der Physik und Chemie 62, 1844
Steven Weinberg, Dreams of a Final Theory, 1992
Steven Weinberg, A Model of Leptons, Physikal Review Letters 19, 1967
Eugene Wigner, The Unreasonable Effectiveness of Mathematics in the Natural Sciences, in: Communications in Pure and Applied Mathematics, Vol. 13, I, 1960.

Otfried Höffe

Paradoxie, Dialog, Abhandlung, Aphorismus: Die vier Kardinalsprachen der Philosophie

Seit langem schätzt die Philosophie nur noch eine Sprache: das scharfsinnige Argument, das sie in kürzeren oder längeren Abhandlungen ausbreitet. Im Verlauf ihrer Geschichte war die Philosophie aber mehrsprachig, zugleich sprachmächtiger. Dabei war die Sprache für sie vieldeutig und vielseitig, vor allem Medium und Gegenstand zugleich.

Nimmt man den griechischen Ausdruck für Sprache, *logos*, so tritt die grundlegende Vieldeutigkeit und Vielseitigkeit offen zutage. Denn *logos* bedeutet sowohl das Wort als auch den Gedanken und den Begriff, ferner das Wort, das Begründung leistet, also das Argument, ferner den Inbegriff aller Worte und deren Verknüpfungen, die Sprache, schließlich das Vermögen der Begriffe, Argumente und Sprache, die Vernunft. Und dieser reiche Strauß von Bedeutungen und Aufgaben hängt – das besagt auch der gemeinsame Ausdruck Logos – sachlich miteinander zusammen. Die den Menschen auszeichnende Logos-Begabung besteht sowohl in der Vernunft als auch in deren Artikulation und Kommunikation, der Sprache, und für beide sind Begriffe und Argumente wesentlich.

Eine hochentwickelte Gestalt dieser Logos-Begabung ist die Wissenschaft, zu der als Fundamentalwissenschaft die Philosophie gehört. Diese bedient sich all der genannten Momente oder Facetten, wenn sie sich auf die ihr typischen Gegenstände richtet, die Welt der Natur und die Welt der Kultur. Darüber hinaus sind die Momente auch ein Gegenstand der Philosophie, womit sich deren Welt um eine dritte Welt, die Welt von Sprache und Vernunft, erweitert.

Die Art, wie sich die Philosophie auf diese Gegenstände richtet, heißt Denken und bildet ihrerseits einen Gegenstand der Philosophie. Der Frage „Was heißt Denken?" in der doppelten Bedeutung von „heißen" nachzugehen, also zu untersuchen, was wir unter dem Denken verstehen und was uns dieser Tätigkeit nachzugehen gebietet, ist eine eigene philosophische Aufgabe. Sie ist tatsächlich eine Aufgabe, da die Philosophie sie nicht als schon gelöst betrachtet, sondern zu lösen sucht: Sowohl das Denken, als auch das Medium, in dem das Denken sich artikuliert und mitgeteilt wird, bilden ein noch unbekanntes Gelände. Auf die für einen Einzelwissenschaftler typische Frage, in welchem

Sinn sie den Ausdruck „Sprache" verwendet, antwortet die Philosophie: „Dieser Sinn steht nicht vorab fest und hat kaum eine einzig eng umgrenzte Bedeutung." Die Philosophie muss sich ihre Sprache erschließen, in gewisser Weise sogar erfinden. Ihre Sprache ist kein fertig vorgegebenes Medium, vielmehr mit der Aufgabe des Erschließens, folglich mit der Art und Weise des Denkens untrennbar verknüpft. Dabei bilden das Denken und dessen Artikulation samt Mitteilung eine untrennbare Einheit.

Von diesen Einheiten gibt es viele Arten, die man in vier Hauptarten einteilen kann. Analog zu den vier Kardinaltugenden stelle ich sie als ein Quartett philosophischer Sprachen vor. Da jede von ihnen die Bedeutung einer cardo, einer Türangel, hat, nenne ich sie die vier Kardinalsprachen der Philosophie. Ich werde sie jeweils anhand eines maßgeblichen Vertreters skizzieren und mit der Gesamtskizze an die mehrsprachige Sprachmacht der Philosophie erinnern, damit die das analytische Argumentieren nicht ersetzenden, aber sie ergänzenden Sprachen nicht aus der Philosophie auswandern oder ganz verkümmern.

Noch ein letztes Wort zur Einleitung: Die Sprache der Philosophie gilt als schwierig. Vielleicht ist aber „nur" das Denken schwierig, und Philosophen, die dazu anleiten, dürfen diese Sache nicht sachfremd vereinfachen.

1. Paradoxien: Zenon

Philosophen scheuen sich nicht vor hochprovokativen Aussagen. Nach einem der Philosophen vor Sokrates, nach Parmenides, ist das, was im vollen Sinne „ist", das wahrhaft Seiende, ungeworden, unveränderlich, unvergänglich und vollkommen. An die Alltagswelt und deren Erfahrung gebunden, ergeht es Parmenides' Zeitgenossen nicht anders als den meisten von uns: Sie verspotten diese Lehre und haben dabei nicht Unrecht. Denn Parmenides' Lehre ist im wörtlichen Sinn para-dox, sie widerspricht allem Anschein.

Um die Lehre trotzdem zu verteidigen und den Spott seinerseits zu verspotten, wird Parmenides' großer Schüler, Zenon, eine der der Philosophie eigentümlichen Kardinalsprachen zur Meisterschaft bringen. Sie bildet die erste und gegenüber einem früheren Vortragstitel zusätzliche Kardinalsprache, die Sprache der Paradoxien. In ihr verbindet sich eine Seite des Denkens, der konstruktive Scharfsinn, mit der anderen, der Mitteilung, vom Rang eines sprachlich-pädagogischen Genies. Denn bei Zenons seither berühmten Paradoxien handelt es sich um Widersprüche, in die sich der Alltagsverstand mit Notwendigkeit verstrickt, was ihn zunächst zum Nachdenken zwingt und dann zu jener Selbstbescheidung auffordert, die die bisherige fraglose Selbstsicherheit infrage stellt.

Auch die Philosophie weckt Emotionen. Bei der Sprache der Paradoxie besteht sie in einem Verwirrtsein, das das Denken zur Anerkennung einer auf den ersten Blick widersinnigen Ansicht drängt: Paradoxien sind geistige Verwirrspiele.

Nach einem dieser geistigen Verwirrspiele kann das Muster von Schnelligkeit, Achill, das Vorbild von Langsamkeit, die Schildkröte, nie einholen. Denn angenommen, die Schildkröte hat einen Vorsprung von 100 Metern, weiterhin angenommen, Achill läuft hundertmal so schnell wie die Schildkröte, so gilt folgendes: Gelangt Achill zu der Stelle, an der die Schildkröte war, so hat diese sich um einen Meter weiterbewegt. Während Achill zu dieser Stelle läuft, bewegt sich die Schildkröte erneut, jetzt um einen Zentimeter weiter, so dass ihr Vorsprung zwar immer kleiner wird, aber stets gegeben bleibt.

Zenon macht hier auf die Schwierigkeit aufmerksam, ein Kontinuum zu begreifen. Aristoteles wird die Paradoxie auflösen, indem er sich in die von Parmenides beschworene wahre, unveränderliche Welt begibt. Dabei unterscheidet er zwei Bedeutungen von „unendlich": unendliche Ausdehnung und unendliche Teilbarkeit (*Physik* III 4-9). Mit Hilfe dieser Unterscheidung, die die Erfahrung übersteigt und im Übersteigen einsichtig macht, mit der also vorempirischen und die Empirie zugleich begründenden Unterscheidung ist es nun möglich, die empirische Wirklichkeit des Wettrennens zu begreifen: Eine der Ausdehnung nach endliche, der Teilbarkeit nach aber unendliche Strecke wird in endlicher Zeit durchlaufen.

Nach einem viel zitierten Wort beginnt die Philosophie mit dem Staunen. In der Paradoxie sieht man, worin das die Philosophie herausfordernde Staunen besteht. Es ist nicht etwa das admirative Staunen, ein Bewundern, sondern das skeptische Staunen, ein Sich-Wundern (über die Welt der Natur, der Kultur oder des Denkens), das sich in der Paradoxie zum Verwirrtsein steigert.

2. Dialoge: Platon

Vor Platon „verkünden" die Philosophen ihre Einsichten und bedienen sich dabei der Sprachgattungen der Sprüche, Lehrgedichte und Paradoxien. Beim ersten großen Kirchenvater meines Metiers suchen die Philosophen das Gespräch sowohl mit ihren Mitmenschen, mit Bürgern, als auch mit anderen Philosophen. Bald ausdrücklich, bald stillschweigend besteht seither die Sprache der Philosophie auch im Diskurs der Philosophen untereinander. Platon jedenfalls entfaltet seine Philosophie in kommunikativen Denk-Prozessen, die in Dialogen, in literarischer Hinsicht zu Argumentations-Dramen gesteigert werden.

Wir kennen Dialoge in Form von Disputationswettstreiten, die man beispielsweise in Debattierklubs kultiviert. Derartige Rededuelle sind Platonische Dialoge nicht. Denn ihnen geht es nicht um einen Sieg, sondern um die Wahrheit. Diese der Wahrheit verpflichteten Dialoge belaufen sich freilich nicht auf die neuerdings so beliebte Konsenstheorie der Wahrheit. Denn der Protagonist von Platons Dialogen, Sokrates, will lieber mit allen anderen Menschen uneins als mit sich selbst in Widerspruch sein (Gorgias, 482 b-c).

Platons Argumentations-Dramen sind nun so meisterhaft gestaltet, dass man bei vielen kein akademischer Philosoph sein muss, um der Aufführung auf einer Theaterbühne „atemlos" zu folgen. Unübertrefflich ist das Ineinandergreifen von nicht weniger als sieben Ebenen, die jeweils eine eigene Art von Einsicht vermitteln: (1) Die Szenerie des Dialogs verbindet sich mit (2) dem Drama der Argumente und (3) dem Charakter der argumentierenden Personen. Hinzu kommen gelegentlich (4) eingestreute Lehrvorträge und (5) Gleichnisse (Mythen), (6) Verweise auf vorläufig nicht Erklärtes oder nicht Erklärbares, nicht zuletzt (7) die Erläuterung der Dialogform.

Als erstes also die Szenerie: In einem „Vor-" und „Nachspiel" erhält das jeweilige Thema einen „Sitz im Leben". Zusätzlich kann eine philosophische Aussage vermittelt werden: Dass zu Beginn des Dialoges *Politeia* (zu Deutsch: *Der Staat*) die Freunde auf Sokrates einen gewissen Zwang ausüben, greift einen Gesichtspunkt des berühmten Höhlengleichnisses vor: dass Philosophen, obwohl sie herrschen sollten, weit lieber denken.

Die zweite Ebene besteht aus den verhandelten Sachfragen. Im Fall der „frühen Dialoge" wird eine Definition grundlegender Begriffe gesucht: Was ist bzw. was meinst du mit Tapferkeit (*Laches*), Besonnenheit (*Charmides*), Frömmigkeit (*Euthyphron*) oder Freundschaft (*Lysis*)? Was ist Rhetorik und wozu dient sie (*Protagoras, Gorgias*)? Die „mittleren Dialoge" erörtern menschliche Grundgegebenheiten: die Liebe bzw. den Eros (*Symposion/Gastmahl*, auch *Phaidros* und *Lysis*) und den Tod (*Phaidon*), die Sprache (*Kratylos*) und die Gerechtigkeit in ihrer personalen und politischen Dimension (*Politeia/Der Staat*). Die „späten Dialoge" widmen sich der Ontologie (*Parmenides*), der Dialektik (*Sophistes*), der Mathematik und der Kosmologie (*Theaitetos, Timaios*) sowie erneut dem Staat (*Politikos/Der Staatsmann, Nomoi/Gesetze*).

In den frühen und mittleren Dialogen fordert bekanntlich Sokrates seine Gesprächspartner auf, eine allgemeine Aussage zu wagen, beispielsweise „Gerechtigkeit ist: jedem das Seine zukommen zu lassen und den Freunden Gutes, den Feinden Böses zu tun". Im Verlauf der dann folgenden kritischen Prüfung sieht sich der Gesprächspartner zu Zugeständnissen gezwungen, die seiner ersten Aussage widersprechen. Der Dialog wird zum Widerlegungsgespräch, er ist „elenktisch", womit er einen ähnlichen Zweck wie Zenons Paradoxien erreicht: Auf raffinierte Weise führt Platon die Erschütterung eines nur vermeintlichen Wissens herbei; er sucht die zunächst erste Stufe von Aufklärung, die Destruktion falschen Wissens, und bleibt in den frühen Dialogen dabei stehen. Ähnlich wie die Paradoxien bieten sie dann kein positives Ergebnis; ohne eine Lösung der gestellten Aufgabe enden sie „aporetisch".

Nur in Parenthese: Schon weil Platon eine ganze Palette von Dialogmöglichkeiten durchspielt – von den aporetischen Frühdialogen über die dramatische Kunst der mittleren Dialoge bis zu den vergeistigten Lernprozessen später Dialoge wie *Parmenides* und *Sophistes*, bleibt seine Dialogkunst trotz bedeutender Revitalisierungsversuche (etwa bei Galilei, Hobbes, Leibniz, Hume und Mendelssohn) doch unerreicht.

Im Verlauf von Platons Sachprüfung werden, drittens, die Diskussionspartner auf ihren Charakter geprüft. Denn die Sprache großer Philosophie will nicht bloß das Denken, sondern letztlich die Menschen selbst verändern. Sie vermag die Veränderung aber nicht von Null an, im wörtlichen Sinn ab ovo durchzuführen; sie bedarf vielmehr einer doppelten Vorab-Leistung. Durch die Art und Weise, wie die Gesprächspartner mit den Fragen und miteinander umgehen, erhält man nun Aufschluss, ob die Vorableistung gegeben ist. Man lernt nämlich die intellektuelle Zuständigkeit der Gesprächspartner kennen, ihre Fähigkeit zur Einsicht, und ihre moralisch-praktische Zuständigkeit, das Vorhandensein oder aber Fehlen von Wohlwollen und Freimütigkeit:

Für Platon sind philosophische Einsichten keine Angebote eines Supermarkts, auf die jeder Beliebige Zugriff hat. Sie hängen vielmehr vom intellektuellen und moralischen Können der Nachfragenden, man könnte auch sagen: von deren geistiger Zahlungsfähigkeit, ab. Andererseits kann nur derjenige ihnen Einsichten vermitteln, der über sie schon verfügt. Dass die frühen Dialoge ohne ein positives Ergebnis enden, kann daher zweierlei bedeuten: Entweder besitzt Sokrates die entscheidende Einsicht, die der Ideenlehre, noch nicht, oder er unterhält sich mit ungeeigneten Dialogpartnern, weshalb er nicht bereit ist, die Wahrheit, die er eventuell doch schon kennt, auszubreiten. Jedenfalls gehört zu Platons Dialogen eine Entsprechung der Argumente mit dem (sowohl moralischen als auch intellektuellen) Charakter der Personen.

Weil im Fortgang die Ansprüche mancher Dialoge wachsen, kann man von einer intellektuellen und moralisch-praktischen Aristokratie, also einem geistigen Adel sprechen, zusätzlich dass man vom schlichten Bürger über den einfachen geistigen Adel zum geistigen Hochadel voranschreitet:

In der *Politeia* beispielsweise treten zunächst zwei weitläufige Freunde von Sokrates auf, Kephalos und Polemarchos. Sie sind ehrbar und gutwillig, haben aber keinerlei philosophische Ambitionen. Stattdessen beruft sich der eine, Polemarchos, auf ein Wort des Dichters Simonides, der hier für Platon als Sprachrohr der Volksmoral gilt. Darauf folgt die erste, unterste Stufe eines Philosophen: der überhebliche Aufklärer und Gegner von Sokrates, der Sophist Thrasymachos, der die gelebte Ehrbarkeit bewusst provoziert. Zugleich vertritt er eine zweite, aber negative moralische Haltung: Weil er für sein Auftreten Geld verlangt, sich überdies „wie ein wildes Tier" aufführt, steht er für Mehrwollen und Maßlosigkeit.

Das im anspruchsvolleren Sinn philosophische Gespräch wird erst nach dem Verschwinden des Thrasymachos begonnen und dann mit Personen geführt, die „weder verstockt noch zweifelsüchtig noch übelwollend" sind: Im Dialog mit zwei jungen Freunden, Glaukon und Adeimantos, findet eine Kritik der sophistischen Kritik, mithin eine Aufklärung über Aufklärung, statt. Sie hält insofern an der ersten Stufe der Aufklärung fest, als sie weder die überlieferte Volksmoral noch deren Sprachrohr, die Dichter, wieder ins Recht setzt.

Viertens sind für die großen Einsichten die Freunde nur Stichwortgeber. Sokrates entwickelt die entscheidenden Aussagen wie in einem Lehrvortrag, womit er unserer dritten philosophischen Sprache, der Abhandlung, vorgreift.

Platon weiß, dass seine philosophischen Kernaussagen zugleich schwierig und außergewöhnlich sind. Um ihr Verständnis zu erleichtern, lässt er sie in der *Politeia* von Sokrates in Form von drei seitdem hochberühmten Gleichnissen vortragen, dem Sonnen-, dem Linien- und dem Höhlengleichnis: Hier weicht fünftens die dialogische Argumentation vollends einer monologischen Botschaft.

Statt sie voll zu entschlüsseln, behält Platon, sechstens, die „allergrößte Einsicht" dem mündlichen Unterricht, der „ungeschriebenen Lehre", vor. Und statt die Sach- und Personenprüfungen nur durchzuführen, erläutert er sie gelegentlich: Der Philosoph denkt siebentens über sich und seine Methode nach.

In dieser kunstvollen Dramaturgie tritt eine Stufenfolge des Wissens, eine „Phänomenologie" der Wissensformen zutage, die sich mit den Stufen des Höhlengleichnisses in Verbindung bringen lassen. Die Abfolge beginnt mit (1) Einfalt, verbunden mit einem Glauben an die Autorität der Überlieferung. Sie führt über (2) hochfahrende Aufklärung zu (3) einer Aufklärung über Aufklärung und gipfelt (4) in jener epistemisch höchsten Stufe, dem wirklichen Wissen, das in der Einsicht in die letzten Prinzipien besteht.

Gemäß der Einheit von Erkennen und Handeln entspricht der Stufenfolge des Wissens im Höhlengleichnis eine Stufenfolge des Moralisch-Praktischen im gesamten Dialog: Auf (1) naive Ehrbarkeit bzw. konventionelle Sittlichkeit von Kephalos und Polemarchos, folgen (2) das ungestüme Begehren von Thrasymachos, (3) die Tatkraft und musische Bildung von Glaukon und der von Adeimantos repräsentierte Anteil an der Vernunft. Die Spitze bildet (4) Sokrates' nicht mehr nur anteilige Vernunft.

Nicht zuletzt gehört zur kunstvollen Dramaturgie eine Stufenfolge des der Einsicht angemessenen Gesprächsraumes. Platons Politeia entwickelt sich vom vollständig öffentlichen Raum, der Straße zum Piräus (0 = Vorspiel), über (1) die dreivierteloffentliche Diskussion mit weitläufigen Freunden und (2) mit Gegnern zum (3) halböffentlichen Freundeskreis und führt schließlich zum (4) bloßen Lehrvortrag und (5) zur Andeutung des geschlossenen Kreises der Eingeweihten.

3. Abhandlungen: Aristoteles

Bei der nächsten Sprache der Philosophie kann ich mich kürzer fassen, denn sie ist uns weitgehend vertraut. Wir verdanken sie im Wesentlichen dem zweiten großen Kirchenvater der abendländischen Philosophie, Aristoteles. Erneut ist die Darstellungsart der Art des Denkens nicht äußerlich. Unser Philosoph hat an dem von Platon geleiteten Wissenschaftskolleg, der Akademie, zunächst studiert, bald selbständig gelehrt und geforscht. Dabei entwickelt er das Zweigespann einer alternativen Philosophie und deren alternativen Darstellung, die Abhandlung.

Aristoteles hat durchaus Dialoge verfasst, die aber bloß in Fragmenten überliefert sind. Für die nur fragmentarische Überlieferung dürfte diese Einsicht mitverantwortlich sein: dass für Aristoteles' Denken die Abhandlung die kongeniale Form der Darstellung und Mitteilung bildet.

Zugunsten der Abhandlung spricht, dass man diese Form, anders als Platons kunstvolle Dialoge, problemlos nachahmen kann. Um bei einem eng umgrenzten Thema einen kleinen Schritt voranzukommen, braucht es kein philosophisches Genie, nicht einmal die Meisterschaft eines überragenden Denkers.

Selbstverständlich ist anderes wichtiger. Eine Abhandlung konzentriert sich auf den wissenschaftlichen Kern der wissenschaftlichen Philosophie, der, vorläufig gesagt, in Begriff und Argument besteht. Dieser Kern, so ein weiterer Vorteil, ist nicht an die typisch philosophischen Fragen gebunden. Die zweite Kardinalsprache der Philosophie lässt sich daher von nichtphilosophischen Wissenschaften übernehmen und kann bis heute eine Form, wenn nicht sogar die Hauptform von Philosophie und Wissenschaft darstellen.

Mit der Konzentration auf den wissenschaftlichen Kern verbindet sich ein dritter Vorteil. Dort, wo allein Begriff und Argument zählen, wird die Frage des intellektuellen und des moralisch-praktischen Charakters zwar nicht belanglos, aber nebensächlich; sie kann sogar eingeklammert werden. Selbstverständlich bleiben die geistige Aristokratie, also die intellektuelle Kompetenz und die moralisch-praktische Lernbereitschaft, in der Sache notwendig. Sie dürfen aber, man würde heute sagen: kontrafaktisch, ausgeblendet werden. Und diese Möglichkeit beläuft sich, was die Sprache als Abhandlung bekräftigt, auf eine De-Aristokratisierung, also auf eine Demokratisierung. (Eine weitere De-Aristokratisierung besteht in oft bescheidenen Ansprüchen, so dass man sich auf einen kleinen Punkt beschränkt und diesen nur ein wenig voranzubringen sucht.)

Zur gelungenen Abhandlung gehört etwas, das Aristoteles uns vorgemacht hat: Je kreativer man denkt, desto weniger kann man auf sprachliche Vorbilder zurückgreifen. Dies hier Sachgerechte bedarf daher einer kreativen Sprachfähigkeit, und der Philosoph wird notwendigerweise zum Schöpfer, später: Mitschöpfer einer wissenschaftlichen Prosa.

Auch darin erweist sich Aristoteles als Kirchenvater meines Metiers: Er ist der Urheber einer Vielzahl von Fachausdrücken, die auf dem Weg der lateinischen Übersetzung zum festen Bestandteil der philosophischen Fachsprache, ihrer Terminologie, werden.

Die damit einhergehende Erstarrung ist Aristoteles freilich fremd. Seine Fachausdrücke sind vielfach Fragen entnommen; bei den Kategorien sagt er *ti: was, poson:* wie groß, *poion:* welcherart, *pou:* wo; bei den Prinzipien der Bewegung spricht er vom Woraus, Was, Woher und Worumwillen. Jedenfalls sucht er keine philosophische Kunstsprache, wohl aber die Präzisierung und Differenzierung, gelegentlich auch Fortbildung der aus der Umgangssprache vertrauten Ausdrücke. Auf diese Weise gewinnt er eine bewegliche, durch und durch unscholastische Diktion.

So weit ist die dritte philosophische Kardinalsprache, die Abhandlung, aber noch zu oberflächlich beschrieben. Bleiben wir bei Aristoteles als exemplarischem Philosophen, so sind zumindest noch die vier methodischen Maximen zu nennen, denen sein Denken folgt: (1) „Phänomene sichern": Statt die Gegebenheiten nach einer vorgefassten Theorie zurechtzubiegen, sollten sie zur Kenntnis genommen und sachgerecht verarbeitet werden. (2) „Lehrmeinungen erörtern": Aristoteles setzt sich intensiv mit den Gedanken seiner Vorgänger auseinander und erkennt deren Leistungen neidlos an. (3) „Schwierigkeiten durcharbeiten": Aus der genauen Kenntnis von Engführungen und Schwierigkeiten, der „A-porien", der „nicht gangbaren Wege", entwickelt er die „Euporie", den „gut und leicht zu gehenden Weg". Auf diese Weise verhilft er der Philosophie zu deutlichen Fortschritten und gibt der Zukunft seines Metiers eine wesentliche Methode des wissenschaftlich-philosophischen Fortschritts vor: Man nehme eine genaue Problemdiagnose vor und gewinne dabei – Hegel wird von einer bestimmten Negation sprechen – den Ansatz der (wissenschaftlich-philosophischen) Therapie. (4) Ein nicht minder wichtiges Verfahren besteht in der Sprachanalyse, für die hier als Beispiel das Buch V (Delta) der *Metaphysik* genannt sei. Es ist nämlich das erste und bis heute lesenswerte Begriffslexikon der Philosophie, das dreißig philosophische Grundbegriffe in der Vielfalt ihrer Bedeutungen vorstellt.

Unsere dritte Kardinalsprache kennt viele Arten. Zum Beispiel den mos geometricus: daß man wie etwa Hobbes und Spinoza nach dem Vorbild von

Euklids *Stoicheia (Elementa)* axiomatisch-deduktiv argumentiert. Allerdings dürfen die Axiome: die Prinzipien und Grundbegriffe, nicht willkürlich festgesetzt werden; sie unterliegen vielmehr einem Wahrheitsanspruch.

Eine zweite Art besteht in der resolutiv-kompositiven Methode, auch analytisch-synthetisch genannt. Im ersten, analytischen Teil zerlegt sie ihren Gegenstand, beispielsweise die Polis (Aristoteles) oder den Staat (Hobbes) in seine Elmente, bei Aristoteles in elementare Sozialbeziehungen (*Politik* I 2) oder aber in die einzelnen Bürger (*Politik* H III 1), bei Hobbes dagegen zunächst in die einzelnen Menschen, die am Ende noch in „matter in motion", in bewegte Körper zerlegt werden (*Leviathan*, Kap. 1 ff.). Im zweiten, synthetischen Teil wird dann der Gegenstand aus seinen letzten Elementen wieder aufgebaut.

Eine dritte Art innerhalb der Abhandlungen stellen Augustinus' *Confessiones* dar, eine vierte Descartes' *Meditationes*, eine fünfte die mittelalterlichen Summen, etwa Thomas von Aquins *Summa theologica*.

Welche Emotion weckt die Abhandlung? Es ist eine Emotion eigener Art, die der Nüchternheit und Klarheit, die Emotion der Emotionslosigkeit.

4. Aphorismen: Pascal

Eine vierte philosophische Kardinalsprache ist noch älteren Ursprungs als die Abhandlung. Trotzdem hat sie sich bis heute erhalten, ist aber aus der akademischen Philosophie verschwunden: der Sinnspruch oder Gedankensplitter, der Aphorismus. Ähnlich wie der Dialog und die Abhandlung, im Prinzip auch die Paradoxie ist diese Sprache nicht für die Philosophie reserviert, erhält aber in ihrem Fall eine charakteristische Gestalt.

Aphorismen fassen das Wesentliche einer Sache gedrängt zusammen. Charakteristisch sind Kürze und zugleich Prägnanz. Wie in Stein gemeißelt, sind sie geschliffene Sentenzen, und wie kunstvoll bearbeitete Edelsteine verbreiten sie sprachlichen Glanz. Die Brillanz kennzeichnet freilich erst die Oberfläche, denn der philosophische Aphorismus ist zwar geschliffen, aber alles andere als glatt. Mit der nächsten Eigenschaft, der Prägnanz, nähert man sich dem Kern schon an, erreicht ihn aber noch nicht.

Der Aphorismus ist durchaus eine geschliffene Miniatur-Abhandlung. Um philosophisch zu sein, bedarf er aber mehr als Knappheit und Pointierung. Es genügt auch nicht, sie mit einer kräftigen Prise Scharfsinn zu würzen und zusätzlich auf der Klaviatur der Sprache virtuos zu spielen. Nehmen wir als Beispiel eine Pensée von Pascal: „Les hommes sont si nécessairement fous que ce serait être fou par un autre tour de folie de n'être pas fous."

Ein solcher Aphorismus leistet, was viele Philosophen über dem Scharfsinn analytischen Argumentierens verlernen: Er stachelt zum Denken an und verbindet das Anstacheln mit einer intellektuellen Lust, die aber dem Stachel weder seine Spitze noch deren Schärfe nimmt. Pascals Pensée besteht in der höchst ketzerischen These, der Mensch sei so notwendig verrückt, dass es auf eine andere Weise verrückt wäre, nicht verrückt zu sein.

Unsere zweite und dritte Kardinalsprache fordern den Leser zum *Mit*denken auf, zum Kern der vierten Sprache gehört die Aufforderung zum *Weiter*denken. Genau dafür sind die Oberflächenmerkmale des Aphorismus besonders geeignet, vielleicht sogar notwendig: Die Kürze und Prägnanz blenden alles ablenkende Beiwerk aus und heben das allein Wesentliche hervor. Die sprachliche Virtuosität zwingt zur Bewunderung, und in Verbindung mit der pointierten Knappheit brennt sie den Aphorismus in unser Gedächtnis. Dadurch sind Aphorismen, mit ihrem deutschen Meister Nietzsche gesprochen, „eine kleine Unsterblichkeit", (*Götzen-Dämmerung*: „Streifzüge eines Unzeitgemäßen", Nr. 51).

Zum philosophischen Aphorismus gehören der Scharfsinn, der unser eigenes Denken provoziert, wesentlich hinzu, ferner das bewusst Unfertige und gezielt Unsystematische, das uns stillschweigend auffordert, die Sache „fertig" zu denken oder auch sie für etwas zu halten, das in der Schwebe bleibt. Aphorismen lieben Rätsel, die sie jedoch absichtlich nicht lösen wollen. Sie drängen uns Fragen auf, und statt sie zu beantworten, fordern sie uns auf, ihre Weite und Tiefe auszuloten. Aphorismen ziehen die Andeutung vor. Vor allem zählt die ketzerische These, die uns zwingt, vertraute Denkmuster infrage zu stellen. In der alltagsnahen Gestalt von La Rochefoucauld: „Lob kann eine Form des Tadels, Dankbarkeit eine Form der Undankbarkeit sein." Aphorismen sind wie vermintes Gelände, das von uns verlangt, hochsensible Detektoren zu entwickeln. Man kann sie auch mit geistigen Fußangeln, sogar intellektuellen Handgranaten vergleichen.

Ob man in Pascals Pensée den Ausdruck „fou" mit „verrückt" oder mit „Tor" übersetzt – dass der Mensch, immerhin dem Frommen das Ebenbild Gottes, dem Philosophen aber mit Vernunft begabt, notwendig, folglich universaliter und stets unvernünftig sei, klingt hart, sogar brutal. Philosophen sind jedoch selten erbaulich. Namentlich die überragenden Denker greifen vertraute Grundvorstellungen radikal, an ihren Wurzeln, an: Platon erklärt im Höhlengleichnis das gewöhnliche Wissen zur großen Täuschung. Aristoteles' Ethik votiert zwar fürs Glück, verwirft aber die üblichen Formen, danach zu streben: das Verlangen nach Genuss, nach Ehre, Macht oder Reichtum. Hobbes zufolge herrscht im Naturzustand ein Krieg aller gegen alle. Und nach Kant vermag der Mensch kein Ding an sich zu erkennen, sondern lediglich Erscheinungen.

Offensichtlich widerspricht der Ausdruck „fou" dem, worauf die Menschheit stolz ist, vor allem in jener Epoche, in der der Aphorismus geprägt wird:

Pascal kritisiert den Stolz der Aufklärung auf „ihre" Vernunft. Denn schlechthin verwirft er die Vernunft nicht. Im Gegenteil, erklärt er in einem andern Aphorismus, der zugleich für eine weitere Leistung, Einsichten wie in einem Brennspiegel einzufangen, steht: „L'homme est visiblement fait pour penser; c'est toute sa dignité et tout son mérite" („Der Mensch ist offensichtlich zum Denken gemacht, darin besteht seine Würde und sein Verdienst"). Und der Philosoph ergänzt: „tout son devoir est de penser comme il faut" („all seine Pflicht ist, richtig zu denken").

Pascal, der große Mathematiker, überdies Erfinder einer Rechenmaschine, richtet sich zum Beispiel gegen den *esprit de géometrie*. Rundum verwirft er diesen *esprit*, die bloß beweisende Vernunft, nicht. Der viel zitierte Aphorismus „Le cœur a ses raisons que la raison ne connaît point" erinnert nicht bloß an existentielle Fragen, einschließlich der Gottesfrage. Mit „Herz" bezeichnet Pascal, was die Antike *nous*, Geist, nennt. Es ist die für jede Art wahrhafter Prinzipien zuständige intellektuelle Kompetenz. Selbst die Mathematik, behauptet Pascal, verdanke ihr das Wissen um ihre Prinzipien, beispielsweise dass es „Raum, Zeit, Bewegung, Zahlen gibt", nicht der beweisenden Vernunft.

Offensichtlich täten unserem Zeitalter, in der Forschung eine Epoche der Lebenswissenschaften, Personen von Pascalscher Größe gut. Gibt es denn Molekularbiologen oder Hirnforscher, die trotz ihrer eigenen überragenden Forschungsleistungen deren Grenzen selbstkritisch betonen: die Rationalitätsgrenzen, da es auch Kunst, Musik und Literatur und deren Wissenschaften, die Geisteswissenschaften, gibt; und die moralische Grenzen, da das menschliche Leben, seiner Menschenwürde wegen, der Forschung scharfe Grenzen zieht?

Eineinhalb Jahrhunderte vor Pascal verspottet Erasmus von Rotterdam die Weisheit mit einem Loblied auf die Torheit, worin sich eine Vorliebe des Aphorismus für Ironie zeigt. Zwei Generationen davor, bei Nikolaus von Kues, lässt sich der Philosoph sogar von einer Person belehren, die im Deutschen später ein Synonym für „verrückt" sein wird, wörtlich allerdings „Ignorant", „Laie" bedeutet. Im Dialog *Idiota de sapientia* belehrt der „Titelheld", der Idiota, den Philosophen in dessen angestammter Kernkompetenz, der Weisheit. Nicht ins Schulwissen eingezwängt, vermag er nämlich, unvorbelastet und frei zu denken. Nikolaus greift damit dem Wahlspruch der Aufklärung vor: „sapere aude", „Habe Mut, dich deines eigenen Verstandes zu bedienen!" Pascal erklärt dazu: „Se moquer de la philosophie, c'est vraiment philosopher". Dieser Aphorismus bedeutet sinngemäß: Der Vernunft spotten heißt, der wahren Vernunft das Wort reden.

In der von Philosophen wie Nikolaus von Kues und Pascal zum Programm erhobenen Selbstdemütigung der Philosophie tritt keineswegs ein geistiger Masochismus zutage, sondern etwas, das die philo-sophia, die Liebe zur Weisheit, seit jeher verlangt: eine Kritik an Verkürzungen der Vernunft. Heute betont sie, dass die Wissenschaft nicht auf Science, auf Naturwissenschaft samt Medizin und Technik, verkürzt werden darf, ferner dass die Vernunft nicht bloß in Wissenschaft, sondern auch in Recht und Moral, selbst in Dichtung und Musik zu finden ist, schließlich dass die Moral mehr beinhaltet als, utilitaristisch, das Wohl der Vielen.

Ich komme zum Schluss. Statt Bilanz zu ziehen, hebe ich eine Gemeinsamkeit der vier Kardinalsprachen hervor und ziehe aus der Mehrzahl von Kardinalsprachen eine Konsequenz. Gemeinsam ist den verschiedenen Sprachen, dass sie letztlich von einer noch nicht erwähnten Sprache ausgehen und zu ihr zurückkehren. Es ist die letzte Metasprache, die natürliche Sprache. Um diese Einsicht nicht nur zu formulieren, sondern auch zu praktizieren, pflegen viele große Philosophen, sofern sie sich überhaupt Elementen einer Kunstsprache bedienen, sich dieser weder unnötig oft zu bedienen noch sich unnötig weit von der natürlichen Sprache zu entfernen.

Und die Konsequenz der Vielzahl: Wegen der Entsprechung von Denken und Mitteilung ist selbst von den ganz großen Denkern kaum zu erwarten, dass sie sich all dieser Kardinalsprachen bedienen. Es gibt auch wenige, die in mehreren philosophischen Sprachen veröffentlichen. Neben der strengen Abhandlung auch eine sprachlich leichtere Feder zu führen, ist dagegen vielen gelungen, nicht zuletzt einem Vorbild hochsystematischen Denkens, dem Verfasser der *Kritik der reinen Vernunft*. Die Schrift *Beantwortung der Frage: Was ist Aufklärung?* bietet nur eine von vielen Belegen.

Ein souveräner Historiker der Philosophie sollte allerdings den verschiedenen philosophischen Sprachen mit Sympathie begegnen. Eine einzige als sachgerecht einzuschätzen, zeugt nicht von größerer Kompetenz, sondern von geringerem Sachverstand.

Literatur

Aristoteles, Physica, hrsg. v. W. D. Ross, Oxford Classical Texts 1950 (Nachdruck 1966); dt. Physikvorlesung, übers. v. H. Wegener, in: Werke in deutscher Übersetzung, hrsg. von E. Grumach, Bd. 11, 1967.

Augustinus: Confessiones, lat./dt., eingeleitet, übersetzt und kommentiert von Joseph Bernhart, 1955/1987.

Rene Descartes, Meditationes de prima philosophia. Meditationen über die Grundlagen der Philosophie, lat./dt., neu hrsg. von L. Gäbe, 19923.

Thomas Hobbes, Leviathan, hrsg. von C.B. Macpherson, 1968; dt. Leviathan oder Stoff, Form und Gewalt eines kirchlichen und bürgerlichen Staates, hrsg. u. eingeleitet von I. Fetscher, 1984.

Immanuel Kant, Kritik der reinen Vernunft (Nachdruck der 2. Auflage 1787), in: Gesammelte Schriften, hrsg. v. d. Königlich-Preußischen Akademie der Wissenschaften, Bd. 3, 1904.

– : Beantwortung der Frage: Was ist Aufklärung?, in: Gesammelte Schriften, hrsg. v. d. Königlich-Preußischen Akademie der Wissenschaften, Bd. 8, 1912/23, S. 33-42.

Geoffrey S. Kirk/John E. Raven/Malcolm Schofield (Hrsg.), Die vorsokratischen Philosophen. Einführung, Texte und Kommentare, ins Dt. übersetzt v. K. Hülser, 1994.

Nikolaus von Kues, Der Laie über die Weisheit. Idiota de sapientia, hrsg. von R. Steiger, 1988.

Friedrich Nietzsche, Götzen-Dämmerung oder Wie man mit dem Hammer philosophiert, in: Sämtliche Werke, Kritische Studienausgabe in 15 Bänden, hrsg. von G. Colli / M. Montinari, 1980, Bd. 6, S. 55-161.

Blaise Pascal, Les pensées, hrsg. V. F. Kaplan, Paris 1982; dt. Über die Religion (Pensées), übers. v. E. Wasmuth, 1963.

Platon: Werke in acht Bänden, hrsg. G. Eigler, griech. / dt. Wissenschaftliche Buchgesellschaft, Darmstadt 1970-1983.

Thomas von Aquin: Summa theologica, dt.-lat. Graz, Wien, Köln, 1950 ff.

Norbert Lammert

Politik und Wissenschaft. Anmerkungen zu einem schwierigen Verhältnis

Das Jubiläumssymposium der Heidelberger Akademie über „Wissenschaft und Gesellschaft. Ihre Begegnung in der Sprache" hat heute Mittag mit einem Vortrag von Professor Raible auf der „Suche nach der vollkommenen Sprache" begonnen. Ich vermute, dass die Suche ebenso ernsthaft wie erfolglos war; sie hätte jedenfalls das mir gestellte Thema nicht erledigt. Denn obwohl beide Professionen zweifellos ihre jeweils eigene Sprache haben und brauchen, sind die Schwierigkeiten im Verhältnis von Politik und Wissenschaft im Kern nicht Probleme der Verständigung, der Sprache also, sondern der jeweiligen Aufgaben und Ansprüche.

Die Wissenschaft will wissen, was ist und warum es so ist, die Politik will ändern, was ist oder bewahren, was sich zu verändern droht. „Politik" – so Peter Graf Kielmansegg in einem Vortrag über Politikberatung vor der Heidelberger Akademie der Wissenschaften – „folgt den Imperativen des Machterwerbs und der Machterhaltung, so wie sie in den Regeln des demokratischen politischen Prozesses angelegt sind: Alle paar Jahre müssen Wählermehrheiten im Wettbewerb gewonnen werden. Wissenschaft folgt, pathetisch formuliert, dem Imperativ der Wahrheit. Sie ist unbedingt verpflichtet auf ein Regelsystem, nach dem über Gewissheit und Ungewissheit von Erkenntnis entschieden wird."[1]

Heute auf den Tag genau vor 90 Jahren, am 29. Mai 1919, ist der erste experimentelle Nachweis für Einsteins Allgemeine Relativitätstheorie gelungen. Dass passt auch deshalb besonders gut zum Thema dieses Symposiums und meines Vortrags, weil wir Albert Einstein neben dieser großen Theorie auch die kleine, aber aufschlussreiche Frage verdanken, „wie kommt es, dass mich niemand versteht und jeder mag?"[2] Von niemandem verstanden und von allen gemocht: der Traum aller Politiker, schon gar im Wahlkampf. Tatsächlich befinden sich Wissenschaftler gegenüber Politikern in der insoweit doppelt luxuriösen Lage, dass sie weder jeder verstehen noch jeder mögen muss. Für die

---

[1] Peter Graf Kielmansegg, Einleitung, in: Heidelberger Akademie der Wissenschaften (Hrsg.): Politikberatung in Deutschland, Wiesbaden 2006, S. 10.
[2] Geäußert in einem am 12. März 1944 in der New York Times veröffentlichten Interview.

Wissenschaft und ihre Befunde ist geradezu unerheblich, ob sie verstanden, und völlig gleichgültig im wörtlichen Sinne, ob sie gemocht werden. Dennoch ist die Reichweite der Wissenschaft und ihrer praktischen Möglichkeiten ebenso, wenn auch anders begrenzt wie diejenige der Politik. Beide befinden sich in einer wechselseitigen Abhängigkeit: weder kann die Politik sich gänzlich und dauerhaft von wissenschaftlichen Erkenntnissen isolieren noch ist die Wissenschaft unabhängig von den Ressourcen, die ihnen politische Institutionen gewähren oder verweigern.

Mit der beispiellosen Menge an heute verfügbaren Daten und Informationen, darauf gestützten mehr oder weniger seriösen Analysen und damit verbundenen Optionen in Form von Handlungsempfehlungen ist nicht nur eine „Demokratisierung des Expertenwissens" eingetreten, sondern zugleich eine „Politisierung der wissenschaftlichen Politikberatung" (Peter Weingart): „Die Politisierung wissenschaftlichen Wissens in der politischen Arena hat den Niedergang der Autorität der wissenschaftlichen Experten zur Folge. Dieser Autoritätsverfall der wissenschaftlichen Experten spiegelt sich in der allgemeinen Demokratisierung der Gesellschaft wider, in der privilegiertes Wissen nicht mehr als Kriterium des sozialen Status gilt."[3]

Die Politikberatung ist allerdings keine Erfindung der Neuzeit. Es gibt sie solange wie die Politik – mit allen Risiken und Nebenwirkungen. Senecas Verhältnis zum römischen Kaiser Nero, das mit dem angeordneten Selbstmord seines politischen Beraters endete, ernüchtert ebenso wie die wechselhafte Florentiner Lebensgeschichte Niccolo Macchiavellis. Die Theorie wirkt häufig eindrucksvoller als ihre Umsetzung in der Praxis. Das Verhältnis von Herrschern und Ratgebern, von Politikern und Wissenschaftlern ist keineswegs nur von andächtiger gegenseitiger Bewunderung gekennzeichnet. Vielmehr gibt es ein tiefes wechselseitiges Misstrauen, das nicht zuletzt von der Vermutung geprägt ist, für die jeweiligen Aufgaben genau die Qualifikationen nicht zu haben, die für ihre sorgfältige Erledigung besonders wichtig sind. Ganz falsch ist dieser Verdacht übrigens nicht.

Zur Verdeutlichung dieser nicht nur subjektiven Reibungen zwischen Politikern und Wissenschaftlern, die sich weder allein auf Eitelkeiten noch auf Empfindlichkeiten zurückführen lassen, die es hüben wie drüben auch geben soll, will ich einige prominente Stimmen zitieren und kommentieren, die sich mit dem objektiv schwierigen Verhältnis von Politik und Wissenschaft auseinandersetzen. Ich beginne mit dem Freiburger Biologen Hans Mohr und seiner interessanten Empfehlung aus einem früheren Vortrag vor der Heidelberger Akademie: „Was wir derzeit am dringendsten bräuchten in unserem Land sind

---

[3] Peter Weingart, Die Stunde der Wahrheit? Zum Verhältnis der Wissenschaft zu Politik, Wirtschaft und Medien in der Wissensgesellschaft, 2001, S. 127 ff.

neue Verfassungsartikel, die dem Umstand gerecht werden, dass in der modernen Welt jedwede „gute" Politik nur in enger Bindung an das wissenschaftlich gesicherte Wissen möglich ist. Ähnlich wie in Großbritannien, wo ein Wissenschaftler als „Chief Scientific Adviser" mit Kabinettsrang gewährleistet, dass die Stimme der Wissenschaft bei wichtigen politischen Fragen Gehör findet, könnte eine vergleichbare Institution auch in der Bundesrepublik Deutschland installiert werden.[4]

Ich persönlich glaube, dass eine solche Institution weder schaden noch wirklich nützen würde, auch wenn der Wissenschaftler als „gesundes Verhältnis von Politik und Wissenschaft" zu Recht „ein reziprokes Vertrauensverhältnis unter dem Schirm der demokratischen Rechtsordnung" postuliert: „Das Vertrauen der Politik in die Sachkompetenz und Unbestechlichkeit der Wissenschaft und das Vertrauen der Wissenschaftler darauf, dass die Politik im modernen demokratischen Staat das Sachwissen als Grundlage von Entscheidungen respektiert."[5] (Hans Mohr). Tatsächlich lassen sich für Einkommen wie Sozialhilfe, Steuersysteme und Steuersätze, für Alternativen der Energieversorgung oder der Verkehrsinfrastruktur wissenschaftliche Befunde als Grundlage von Entscheidungen heranziehen, die ihrerseits wissenschaftlichen Ansprüchen weder genügen können noch entsprechen müssen, weil sie notwendigerweise politischen Charakter haben. Für alle Fragen der in einer konkreten Gesellschaft geltenden rechtlichen Bedingungen für das Entstehen wie das Beenden menschlichen Lebens gilt das in besonders auffälliger Weise. Dank der Fortschritte der Wissenschaft verfügen wir heute über erstaunliche Optionen am Anfang wie am Ende des Lebens, die sich gleichwohl oder gerade deshalb für juristische, schon gar verfassungsrechtliche Festlegungen regelmäßig nicht eignen, jedenfalls nicht unmittelbar daraus ergeben. Aber auch vergleichsweise banale Herausforderungen der Wirtschaftspolitik sind auch mit aufwendigen wissenschaftlichen Methoden nur sehr begrenzt zu bewältigen, wie wir nicht erst seit der großen Finanz- und Wirtschaftskrise der letzten Monate wissen.

„Die Politik – nicht die Wissenschaft – muss entscheiden, was richtig und was falsch ist, was verantwortbar und was unverantwortlich ist", erklärte der damalige Bundespräsident Johannes Rau in einer Tischrede beim Wissenschaftsrat[6] – und hatte damit beinahe Recht. Natürlich muss die Politik verantwortlich entscheiden, kann aber eben nicht festlegen, was richtig und was falsch ist, aus dem einfachen Grunde, weil sie es nicht weiß. Deshalb organi-

---

[4] Zitiert nach einer Pressemitteilung der Akademie vom 7. Dezember 2007, abrufbar unter http://idw-online.de/pages/de/news239366.
[5] Ebd.
[6] Rede vom 29. Januar 2004, abrufbar unter http://www.bundespraesident.de/dokumente/ -,2.94252/Rede/dokument.htm.

siert Politik ein Verfahren, um festzulegen, was in einer Gesellschaft gilt. Das – möglichst demokratisch ermittelte – Ergebnis gilt, ist aber nicht unbedingt richtig.

Meine Amtsvorgängerin Rita Süßmuth, die eigene Erfahrungen aus der Wissenschaft in ihre politische Laufbahn einbrachte, hat ihre Erfahrung zum Ausdruck gebracht, „dass die Rationalität, dass die Vernunft, die in der Wissenschaft gepflegt wird – obwohl dort natürlich auch nicht immer alles nur vernünftig ist –, in der Weise auf die Politik nicht übertragbar ist. In der Politik hat man nämlich mit anderen Bedingungen des Handelns zu tun. Erkenntnis kann man z. B. nicht eins zu eins in Handeln umsetzen: Es gibt die Frage der Zumutbarkeit im Hinblick auf die Wählerschaft, es gibt die Zumutbarkeit im Hinblick auf die Radikalität des Schrittes auch für denjenigen oder diejenige, die ihn selbst vornehmen muss."[7] Die Vermittelbarkeit und damit die Durchsetzbarkeit eines Anliegens oder einer Absicht sind für die Politik ebenso unverzichtbar wie sie für wissenschaftliche Erkenntnisse unerheblich sind. Deshalb muss sich der Politiker immer wieder um Kompromisse bemühen, die der Wissenschaftler grundsätzlich vermeiden sollte. „Als ich jung war, glaubte ich, ein Politiker müsse intelligent sein. Jetzt weiß ich, dass Intelligenz wenigstens nicht schadet".[8] Dieser Stoßseufzer des hochangesehenen Parlamentariers Carlo Schmid, dessen Klugheit ebenso unbestritten war wie sein politischer Instinkt, verdeutlicht die relative Bedeutung der einen wie der anderen Begabung.

Auch Paul Kirchhof hat als Wissenschaftler, Verfassungsrichter und Schatten-Finanzminister seine eigenen Erfahrungen gemacht: Der „politische Wettbewerb unterscheidet sich grundlegend von dem Wettbewerb in Kunst und Wissenschaft. Das erfährt ein Wissenschaftler, der sich mit seinem Fachprogramm am Wahlkampf beteiligt. Im Wettstreit um den Wähler kämpft jeder für sich, will Macht erwerben oder erhalten, den Konkurrenten überbieten und ausstechen. Der Kandidat kämpft in eigener Sache, rückt sich in das Licht des Tüchtigen, Erfolgversprechenden, Entscheidungskräftigen und Sozialen, verweist den Gegner in das Dunkel des Widersprüchlichen, Halbherzigen, der Kälte und auch der Unredlichkeit. Die Wettbewerber werfen wechselseitig Schatten aufeinander, beschädigen damit die Zunft der Politiker insgesamt, säen Misstrauen gegen Politik, Herrschende und ihre Machenschaften."[9] Hier kommt wohl auch eine Enttäuschung über die tatsächlichen Verhältnisse in der Welt der Politik zum Ausdruck, der die scheinbar heile Welt der Wissenschaft

---

[7] Interview im Bayerischen Rundfunk vom 20. Februar 2001, abrufbar unter www.br-online.de/download/pdf/alpha/s/suessmuth_2.pdf

[8] zit. nach SPIEGEL Geschichte 2 / 2009, abrufbar unter http://www.spiegel.de/spiegel/spiegelgeschichte/d-64876034.html

[9] Paul Kirchhof, Der mündige Wähler, FAZ, 8. Februar 2006.

als leuchtendes Beispiel entgegengehalten wird: „Der Wissenschaftler hingegen – ebenfalls ehrgeizig und um Anerkennung bemüht – kämpft mit dem Argument, durch das er die Fachöffentlichkeit, also seine potentiellen Mitbewerber, ansprechen will. Deshalb bindet er sich in Form und Stil, sucht den Konkurrenten nicht zu verletzen, sondern zu beeindrucken, weist das bessere Wissen des anderen nicht zurück, sondern übernimmt es als Grundlage seiner eigenen Forschungen. So entwickelt sich in der Wissenschaft Vertrauen, in der Demokratie Misstrauen".[10]

Ganz so einfach ist es vielleicht doch nicht. Die Idealtypen, wie wir von Max Weber wissen, eignen sich hervorragend zur Verdeutlichung von Unterschieden, kommen aber als theoretische Konstrukte in der Realität nicht vor. Nicht erst seit dem sogenannten „Historikerstreit" ist offenkundig, dass ein Streit über Politik immer auch ein politischer Streit ist, auch wenn er unter Wissenschaftlern ausgetragen wird. Und was den Umgang mit Klimawandel und Umweltrisiken betrifft oder gezielte genetische Veränderungen von Pflanzen, Tieren und Menschen, sind Vertrauen und Misstrauen längst nicht mehr säuberlich verteilt auf die beiden rivalisierenden und kooperierenden Professionen.

Für Reichskanzler Otto von Bismarck war die Sache sehr übersichtlich: „Die Politik ist keine Wissenschaft, wie viele der Herren Professoren sich einbilden, sondern eine Kunst"[11], für den sehr viel staatskritischeren Heinrich Böll ist auch diese Lesart entschieden zu einfach: „Politik ist weder eine Wissenschaft noch eine Kunst, sie ist nicht einmal ein Handwerk, sie ist ein von Tag zu Tag sich neu orientierender Pragmatismus, der bemüht sein muss, die Macht und deren Möglichkeiten übereinander zu bringen." Das ist zwar nicht sehr freundlich formuliert, aber keineswegs grob falsch.

Immerhin verfügen Deutschlands Hochschulprofessoren über ein traditionell hohes Ansehen, das nach neuen Umfragen[12] weiter gestiegen ist, während der ohnehin zweifelhafte Ruf der Politiker weiter verfällt. Wirklich tröstlich ist das für niemanden, nicht einmal für die Demoskopen. Wenn der kluge Spötter Peter Ustinov, der zu keiner der beiden Berufe gehört, Recht behält, wird die letzte Stimme, die man hört, bevor die Welt explodiert, die Stimme eines Experten sein – mit der Auskunft, „das ist technisch unmöglich". Ähnlich beruhigende, aber ganz und gar nicht zutreffende Botschaften waren von manchen Finanzexperten zur Verfassung der internationalen Kapitalmärkte zu hören. Nach den beispiellosen Turbulenzen der letzten Monate mit den dramatischen Zusammenbrüchen renommierter Banken leuchtet die ironische Bemerkung

---

[10] Ebd.
[11] Ulrich Kühn, Der Grundgedanke der Politik Bismarcks, 2001, S. 201.
[12] Allensbacher Berufsprestige-Skala 2008.

des vielfach preisgekrönten Politikwissenschaftlers Alfred Grosser noch mehr ein, Politologen seien diejenige, die hinterher immer sagen, wieso man vorher habe wissen können, wie eine Sache ausgegangen sei.

Tatsächlich weiß man es vorher in der Regel nicht und schon gar nicht genau. Die Politiker nicht und die Wissenschaftler auch nicht. Aber beide haben ihren, allerdings unterschiedlichen Anteil an den bestehenden Verhältnissen und den Möglichkeiten, sie zu ändern. Sie erweitern ihre Erkenntnisse wie ihre Gestaltungsspielräume nicht, wenn sie die Verschiedenartigkeit ihrer Ziele wie ihrer Methoden verkennen oder bestreiten. Die klassische Frage der Wissenschaft wie der Religion ist die Frage nach der Wahrheit. Die Aussichtslosigkeit einer abschließenden Beantwortung dieser Frage ist zugleich die Voraussetzung für Demokratie. Das zentrale Prinzip demokratischer Entscheidung, nämlich die Mehrheitsentscheidung, hat zur logischen Voraussetzung, dass es keinen Wahrheitsanspruch gibt. Über Wahrheiten lässt sich nicht abstimmen. Wenn ich mich einer Abstimmung unterwerfe, hat die Rationalität dieses Verhaltens zur logischen Voraussetzung, dass ich für meine Position genauso wenig einen Wahrheitsanspruch reklamieren kann wie für die anderen Positionen, die ihr entgegengesetzt werden. Es gehört zu den ebenso weitverbreiteten wie bedenklichen Verirrungen der politischen Kultur in Deutschland, dass sich bei uns Mehrheiten immer wieder gerne einreden, das Vorhandensein dieser Mehrheit sei gleichzeitig auch der Nachweis für die Richtigkeit der eigenen Position. Das Gegenteil ist richtig, hätte man die Richtigkeit der eigenen Position nachweisen können, wäre die Abstimmung unnötig, unsinnig gewesen. Wir haben es hier insofern eher mit der Perversion von Logik zu tun bzw. mit der Transformation einer legitimen Position in politische Propaganda.

Die Einsicht in die Aussichtslosigkeit einer abschließenden Beantwortung der fundamentalen Frage nach der Wahrheit macht die ewige Suche nach Gewissheiten natürlich nicht obsolet, wohl aber den Anspruch auf Wahrheit als Legitimation für gesellschaftliches oder politisches Handeln. Diese Einsicht zu bewahren und zu vermitteln, ist nicht nur Aufgabe der Wissenschaft. Mir fällt aber keine zweite Einrichtung ein, die so vital auf diesen Zusammenhang angewiesen ist wie die Hochschulen und die Akademien. Diese zentrale Einsicht wieder ins Bewusstsein zu heben und sie gegen manche Denkfaulheit, Manipulationsversuche und Propaganda als eine, wenn nicht die unaufgebbare Errungenschaft unserer Zivilisation zu vertreten, das ist die große Aufgabe der Wissenschaft in einer freiheitlichen, demokratischen Gesellschaft.

Paul Kirchhof

Die Sprache des Rechts

Die Art des Sprechens und die unterschiedlichen Sprechweisen der Wissenschaften folgen dem Auftrag und Ziel des Sprechers. Der Wissenschaftler sucht seine Erkenntnis möglichst klar und unmissverständlich zu veröffentlichen, der Therapeut wählt eher das schonende, auch Tatsachen verbergende Wort. Der Forscher will sein Wissen möglichst für eine weltweite Diskussion offenbaren, der Kaufmann dasselbe Wissen als Geschäftsgeheimnis hüten. Wenn eine Finanzkrise droht, werden der Finanzminister und Journalist unterschiedlich urteilen, wieviel Wahrheit der Mensch heute erträgt.

Jeder Sprecher trägt für die Wirkungen seines Sprechens eine von seiner Aufgabe bestimmte Verantwortlichkeit. Der Statistiker drückt einen Zustand oder eine Entwicklung möglichst unbefangen, realitätsgerecht und vollständig aus. Der Arzt sucht den Patienten behutsam auf seine Krankheit vorzubereiten und teilt deshalb nur einen Teil seines Wissens mit. Der Diplomat nimmt ein Blatt vor den Mund und vermeidet damit eine schwere Krise. Das Mitglied einer Jury will den Erwählten auf einen Preis vorbereiten und doch die Überraschung nicht ganz verderben, spricht deshalb durch die Blume. Der Richter schweigt über alles, was dem Beratungsgeheimnis unterliegt, verkündet sein Urteil im Namen des Volkes unter den Bedingungen gerichtlichen Verfahrens und rechtswissenschaftlicher Methode. Und wir alle bemühen uns als Menschenfreunde in unseren Begegnungen um den guten Ton.

Das Recht setzt in allen diesen Lebensbereichen den verbindlichen Rahmen für Freiheit und Bindung. Es überbringt seine Regelungen in Sprache, entsteht und lebt in Sprache, gewinnt in der Sprache Verständlichkeit und schafft durch Sprache Einheit und Zusammenhalt.[1] Seine Sprechweise ist durch vier Besonderheiten geprägt:

Das Recht überbringt Verbindlichkeiten, soll deshalb die Aussagen des Sprechers möglichst verlässlich dem Adressaten vermitteln. Es greift im Gesetz weit in die Zukunft, in die Zeit des Nichtwissens voraus, muss neue Anfragen an das Recht in alten Texten beantworten. Es organisiert Entscheidungen – des Freiheitsberechtigten, der Regierung, des Gesetzgebers, der Ver-

---

[1] Paul Kirchhof, Deutsche Sprache, in: Josef Isensee/Paul Kirchhof (Hrsg.), Handbuch des Staatsrechts, Band II, 3. Auflage, 2004, § 20, Rn. 1

waltung, des Richters. Es begegnet ständig einer seine Aussagen verfälschenden Sprechweise, die den Inhalt des Rechts durch geplanten Sprachgebrauch verändern will.[2]

Diese Eigenart stellt die Rechtsgemeinschaft vor die Frage, ob das Recht als in die Zukunft vorgreifende Vorausschrift, Vorschrift, klar und unmissverständlich sein kann (zu I.), ob das Gesetz in seiner Freiheitsgarantie und Entwicklungsoffenheit prägnant und eindeutig sein soll (zu II.). Sodann ist zu prüfen, ob die Sprache des Rechts durch andere Mitteilungsformen unterstützt werden kann (zu III.). Daran schließt sich die Überlegung an, wie der Rechtsstaat, nachdem er ein Gesetz verkündet, der Gesetzgeber das Gesagte also aus der Hand gegeben hat, dennoch sprechfähig bleiben kann (zu IV.). Dabei stützt sich der Rechtsinterpret auf die Erfahrungen und die Wertungen, die der Gesetzestext zum Ausdruck bringt (V). Schließlich sei der Sprechvorgang des Entstehens, Entwickelns und Fortbildens von Recht in dem Sprachbild der „Rechtsquelle" zusammengefasst (VI.).

I. Die Auslegungsbedüftigkeit eines Rechtssatzes

Jedes Gesetz ist auslegungsbedürftig, weil es bereits mit seiner Verkündung veraltet. Am Tag nach der Veröffentlichung eines Gesetzes richtet sich eine neue Anfrage an die im Gesetzblatt geschriebene Regel, die vom Gesetzgeber nicht vorausgesehen worden ist. Lange galt der Artikel 102 Grundgesetz: „Die Todesstrafe ist abgeschafft." als eine Norm, die keiner Auslegung bedürfe. Dann stellt sich dem Bundesverfassungsgericht[3] die Frage, ob Deutschland einen wegen Totschlags angeklagten Libanesen in den Libanon ausliefern darf, wenn dort die Todesstrafe verhängt und vollstreckt werden soll. Der vermeintlich klare Rechtssatz bedarf der Auslegung, ob das „abgeschafft" auch die mittelbare Mitwirkung bei der Verhängung oder Vollstreckung der Todesstrafe meint. Das Bundesverfassungsgericht hat diese Frage bejaht.

Um in der Staatsrechtsvorlesung die Interpretationsbedürftigkeit eines Rechtsatzes deutlich zu machen, bitte ich die Studenten, die Aussage des Artikel 22 Grundgesetz: „Die Bundesflagge ist schwarz-rot-gold." auf Papier zu malen. Die Studenten suchen sich dann zu erinnern, ob die Flagge längs oder quergestreift ist, ob das schwarz nach oben oder nach unten gehört. Forensische Begabungen malen eine schwarze Flagge mit rot-goldener Kordel oder eine rote Flagge mit schwarz-goldenen Punkten. Letztlich greifen alle auf das

---

[2] Paul Kirchhof, Deutsche Sprache, in: Josef Isensee/Paul Kirchhof (Hrsg.), Handbuch des Staatsrechts, Band II, 3. Auflage, 2004, § 20.
[3] BVerfGE 60, 348 – Auslieferung III.

Schwarz-rot-gold der Lützowschen Jäger, des Festes auf dem Hambacher Schloss (1832) und die Revolution 1848 zurück, die in diesen Farben den deutschen bürgerlichen Rechtsstaat, die Einheit und Freiheit des deutschen Volkes sehen[4] und dem Parlamentarischen Rat bei den Beratungen des Grundgesetzes den Wunsch nach „Einheit in der Freiheit"[5] sichtbar machen.

Während hier die Geschichte dem Rechtssatz seinen verlässlichen Inhalt gibt, stützen sich Elementarsätze des Rechts auf die Offensichtlichkeit des Undefinierbaren. Wer den Satz „Die Würde des Menschen ist unantastbar" (Artikel 1 Absatz 1 Grundgesetz) deuten und den Menschen als Lebewesen mit Sprache, aufrechtem Gang, Gedächtnis und der Fähigkeit zur Selbstvergewisserung definieren will, begeht einen juristischen Fundamentalfehler. Er schließt nämlich mit dieser Interpretation diejenigen Menschen von der Würde und dem daran anknüpfenden Willkommen der Rechtsgemeinschaft aus, die ihre Sprache verloren haben, nicht gehen können, nicht über ein Gedächtnis und die Fähigkeit der Selbstreflexion verfügen. Das Recht braucht einen nicht mehr hinterfragbaren Ausgangspunkt, ein Axiom, ein Tabu,[6] dem man sich nicht nähern, das man nicht antasten darf. Dieser Ausgangsgedanke des Rechts ist der in seiner Würde und Freiheit willkommene Mensch.

Schließlich wird ein Rechtsatz auch auslegungsbedürftig, weil die Rechtsbeteiligten ihm einen unterschiedlichen Inhalt zusprechen.[7] Auf einem Steuerkongress stritten zwei Diskutanten über die Auslegung einer Bestimmung und warfen sich schließlich wechselseitig vor, den Text nicht lesen zu können. Wir standen danach etwas betreten in dem Fahrstuhl des Kongressgebäudes und unser Blick fiel auf ein Schild, auf dem geschrieben stand: „Zwölf Personen". Sogleich entbrannte eine lebhafte, die Gedanken wieder lockernde Diskussion über die Frage, ob diese „12 Personen" die Untergrenze bezeichnen, zu der der Veranstalter um der Wirtschaftlichkeit willen den Fahrstuhl in Bewegung setzen wolle, oder aber die Obergrenze, die wegen der technischen Sicherheit des Fahrstuhls den Transport weiterer Personen nicht zulasse. Der Fahrstuhl hat uns dann in die Höhen juristischer Methodenlehre transportiert.

---

[4] Walter Pauly, Die Verfassung der Paulskirche und ihre Folgewirkungen, in: Josef Isensee/Paul Kirchhof (Hrsg.), Handbuch des Staatsrechts der Bundesrepublik Deutschland, Band I, 3. Auflage, 2003, § 3, Rn. 2; Eckart Klein, Staatssymbole, das. Band 2, 3. Auflage, 2004, § 19 Rn. 8.
[5] So der Abgeordnete Ludwig Bergsträsser, in: JÖR, Neue Folge 1 (1951), S. 216.
[6] Jacob Grimm, Von der Poesie im Recht, in: Zeitschrift für geschichtliche Rechtswissenschaft, 1816, Band II, H. 1, S. 25 ff.
[7] Paul Kirchhof, Rechtsänderung durch geplanten Sprachgebrauch?, in: Dieter Wilke/Harald Weber (Hrsg.), Gedächtnisschrift für Friedrich Klein, 1977, S. 227 ff.

Das Ideal Friedrichs II., die Worte des Gesetzes könnten so klar sein, dass ein Streit um die Auslegung ausgeschlossen sei,[8] bleibt Utopie. Jeder begreift eine Wirklichkeit aus seiner Sicht: Die Venus ist in einem Teil der Erde Morgenstern, in dem anderen Abendstern.[9] Das Wort „sozial" verheißt dem einen die finanzielle Sicherung seines Existenzminimums aus öffentlichen Kassen, dem anderen geringe Steuerlasten, dem dritten für jeden Kranken zugängliche Spitzenkrankenhäuser, dem vierten einen Kulturstaat mit Opern, Museen und Bibliotheken. Noch jüngst haben wir bei „Sozialwahlen" eine Abstimmung über nur einen Kandidaten erlebt, die dort als „Friedenswahlen"[10] bezeichnet wurden, obwohl dieser Vorgang weder mit einer Wahl noch mit einer besonderen Friedlichkeit etwas gemein hat. Ein Referendar, der die fachliche Qualifikation zum Gerichtsreferendar besaß, aber nicht für die freiheitliche Demokratie eintrat, definierte seine Nichteinstellung als „Berufsverbot".[11] Als Richter hatte ich über den „Kohlepfennig"[12] zu entscheiden, der allerdings Milliardenerträge erbrachte. Und jüngst nennt ein Unternehmer die Entlassung von Arbeitnehmern „Freisetzung", eine Betriebsstilllegung „Restrukturierung" – eine eigenwillige Deutung des Gedankens der Freiheit und der Erneuerung.

Diese Extrembeispiele von Fehldeutungen des Rechts zeigen, dass das Recht sich immer wieder der bewussten Fehldeutungen und Sprechstrategien erwehren muss, der offene Diskurs über das Recht also keineswegs immer auf die Suche nach dem richtigen Recht angelegt ist. Schon die Sophisten benutzten die Mehrdeutigkeit eines Begriffs, um „die schwächere Sache zur stärkeren zu machen".[13] Und die klassische Frage von Wittgenstein,[14] ob die Sprache Kleid oder Verkleidung der Gedanken sei, handelt von der subjektiven Deutbarkeit und der Mehrdeutigkeit der Sprache, aber auch von dem bewussten Gestaltungsmittel einer Sprachverfremdung oder Sprachverführung. Der zur Auslegung berufene Interpret gewinnt Herrschaft über seinen Text. Eine Fehl-

---

[8] Friedrich der Große, Über die Gründe, Gesetze einzuführen oder abzuschaffen, in: Gustav Berthold Volz (Hrsg.), Die Werke Friedrichs des Großen, Bd. 8: Philosophische Schriften, 1913, S. 22.

[9] Paul Kirchhof, Deutsche Sprache, in: Josef Isensee/Paul Kirchhof (Hrsg.), Handbuch des Staatsrechts, Band II, 3. Auflage, 2004, § 20, Rn. 40.

[10] Vgl. auch BVerfGE 13, 1 ff. – Friedenswahlen.

[11] BVerfGE 39, 334 (370 f.) – Extremistenbeschluss.

[12] BVerfGE 91, 186 ff. – Kohlepfennig.

[13] Zu dieser Formel von Protagoras vgl. Egon Friedell, Kulturgeschichte Griechenlands – Leben und Legende der vorchristlichen Seele, 1994, S. 264.

[14] Ludwig Wittgenstein, Tractatus Logico Philosophicus, 1921, 4, 002. „Die Sprache verkleidet den Gedanken. Und zwar so, dass man nach der äußeren Form des Kleides nicht auf die Form des bekleideten Gedankens schließen kann; weil die äußere Form des Kleides nach ganz anderen Zwecken gebildet ist als danach, die Form des Körpers erkennen zu lassen."

interpretation eines Dichtertextes verfehlt ihren Gegenstand, eine Fehlinterpretation eines Gesetzestextes hingegen kann ihren Gegenstand verändern.

Teilweise verselbständigt sich die Gesetzesaussage gegenüber dem Willen des historischen Gesetzgebers. Das Gesetz ist klüger als sein Urheber. Der polizeiliche Schutz der „öffentlichen Sicherheit und Ordnung" hatte 1930 zur Folge, dass Frauen auf öffentlichen Straßen das Rauchen untersagt, das Entsorgen von Hausmüll auf öffentliche Straßen hingegen gestattet war.[15] Heute führt der gleiche Gesetzestext zur gegenläufigen Folge: Rauchen auf öffentlichen Straßen ist erlaubt, das Entsorgen von Hausmüll verboten. Und in wenigen Jahren mag beides verboten sein.

II. Das allgemeine Gesetz

Der Gesetzgeber ist deshalb gut beraten, wenn er sich auf allgemeine Regeln beschränkt, die für das Neue, das Ungewohnte, das noch nicht Vorhergesehene offen sind, er also nur die Grundbedingungen des menschlichen Zusammenlebens regelt, die im Wechsel der Zeiten gleich bleiben.

Vor allem die Idee der Freiheit fordert eine maßvolle Gesetzgebung, die mit wenigen Regelungen auskommt und auf übermäßig dichte Regelungen verzichtet. Wenn gegenwärtig der Unternehmer durch eine Fülle von Steueranreizen, Subventionen und Zielvorgaben zu einem bestimmten Verhalten gedrängt wird, wandelt sich der freie zum gelenkten Bürger. Wenn der Wissenschaftler sich Exzellenzbedingungen und Zielvereinbarungen unterwirft, gibt er damit ein Stück seiner Wissenschaftsfreiheit preis. Wenn der Steuerpflichtige oder der Rentner sich einem in der Vielfalt, Detaillierung und Widersprüchlichkeit unverständlichen Recht gegenübersieht, wandelt sich die Sicherheit im Recht in Hilflosigkeit, Selbstzweifel und einen Autoritätsverlust des Rechts.

Freiheit braucht das offene Gesetz. Würde man Gegenstand, Ziel und Methode der Wissenschaft, der Kunst, der Religion, einer Berufstätigkeit im Gesetz abschließend vorzeichnen, wäre dem Berechtigten der Atem der Freiheit genommen. Würde der Regierung ihre Politik, der Verwaltung jede Verwaltungsentscheidung rechtlich vorgegeben, wäre diesen Organen ihre Eigenverantwortlichkeit und Gestaltungsmacht genommen. Gewaltenteilung bedeutet auch eine unterschiedliche Auseinandersetzung mit der Zeit: Das Gesetz greift in die Zukunft vor, die Verwaltung setzt sich mit der Gegenwart auseinander, die Rechtsprechung klärt vergangene Sachverhalte. In dieser unterschiedlichen

---

[15] Bill Drews, Preußisches Polizeirecht, Band 1, 1933, S. 16.

Verantwortung für die Zeit,[16] ist eine unterschiedliche Perspektive des Wissens und Erkennens angelegt.

Der freie Bürger braucht aber auch die einfache, ihm vertraute, Rechtsbewusstsein bildende und Rechtssicherheit gewährende Weisung. Im Straßenverkehr wird rechts gefahren und links überholt. Diese äußere Ordnung hat sich eingeprägt und dient deshalb der Sicherheit und Leichtigkeit des Straßenverkehrs. Würde eine Wechselampel heute die rechte Straßenseite, morgen die linke zum Fahren freigeben, würde das Recht seine Aufgabe verfehlen, Freiheit zu ermöglichen und Sicherheit zu gewähren.

Das Recht setzt deshalb auf Gesetze, die in ihrer Allgemeinheit Freiheit ermöglichen, die Gleichheit vor dem Gesetz hinreichend weit anlegen, für die neue Anfrage an das Gesetz offen sind, dem Parlament und dem einzelnen Abgeordneten als Vertreter des Volkes die von ihm zu erfüllende Aufgabe der Gesetzgebung im Grundsätzlichen zuweist, die Gewaltenteilung unter einer allgemeinen Gesetzgebung, einer mit dem Einzelfall befassten Verwaltung und einer am Maßstab des Gesetzes rückwirkend den Einzelfall beurteilenden Rechtsprechung bestätigt, im allgemeinen, auf Dauer angelegten Gesetz Rechtsbewusstsein, Rechtsvertrauen, Planbarkeit und Sicherheit im Recht bildet.[17]

Große Kodifikationen wie das Bürgerliche Gesetzbuch, das Strafgesetzbuch, das Verwaltungsverfahrensgesetz sprechen die Allgemeinheit eines unbestimmten Adressatenkreises an, begründen prinzipienorientierte Regelungen, die in ihren Aussagen auch den noch unbekannten Fall umfassen, suchen in ihrer Sprache das Rechtsdenken zu prägen und langfristig zu verstetigen, die Gesetzesanwendung in geläufigem Rechtsdenken und in Rechtsprinzipien verlässlich und voraussehbar zu machen. Die Gesetzessprache muss allgemein bleiben, will sie nicht durch die Entwicklung überholt, durch eine Überfülle von Aussagen in ihrer Verbindlichkeit geschwächt, in ihrer inhaltlichen Spezialisierung und Enge ungerecht werden.

Schließlich entlastet das allgemeine, kodifizierende Gesetz auch das Parlament, das in seiner Zusammensetzung das Staatsvolk repräsentiert, deswegen zur Entscheidung der Grundsatzfragen, nicht aber der Details qualifiziert ist, das sich im Vorgriff auf die Zukunft nur durch die Allgemeinheit des Gesetzes nicht überfordert, das auch zeitlich und inhaltlich nur Regelungen im Grundsätzlichen vorbereiten kann. Heinrich Böll sagt für das Dichterwort:[18] „Kaum

---

[16] Zum Zeitschema vgl. Gerhart Husserl, Recht und Zeit. Fünf rechtsphilosophische Essays, 1955, S. 42 ff.
[17] Vgl. im einzelnen Gregor Kirchhof, Die Allgemeinheit des Gesetzes, 2009.
[18] Das Zitat Heinrich Bölls ist der Rede „Die Sprache als Hort der Freiheit" (1959) entnommen und abgedruckt in: Bernd Balzer (Hrsg.), Heinrich Böll. Werke. Essayistische Schriften und Reden I, Band 7, 1979, S. 301.

ausgesprochen oder hingeschrieben wandeln (die Worte) sich und laden dem, der sie aussprach oder schrieb, eine Verantwortung auf, deren volle Last er nur selten tragen kann." Deswegen ist die Selbstbeschränkung Voraussetzung für eine Gesetzgebung, die weiß was sie tut, und dem Adressaten verständlich sagt, was er tun soll. Vielleicht mag die Faustregel gelten, dass in jedem Lebensbereich – dem Privatrecht, dem Strafrecht, dem Sozialrecht, dem Steuerrecht – nur soviel Normen gelten sollen, als der zuständige Ministerialrat aktiv im Gedächtnis behalten kann. So könnte der kluge Kopf des zuständigen Beamten auch als Mengenschleuse für die Zahl der zu beachtenden Normen wirken.

III. Die Sicherung der rechtlichen Aussage jenseits der Sprache

Wenn Sprechen nicht immer denselben Gedanken mitteilt, sondern dem Partner auf eigene Gedanken bringt,[19] stellt sich die von Jacob Grimm erhobene Frage, ob Recht allein durch und in Sprache lebt oder auch in Gesten und Gebärden vermittelt werden muss.[20] In der Geschichte des Rechts sind das Reichen der Hand[21], das Hinwerfen des Handschuhs[22], die Übergabe des Amtsstabes[23] oder das Überreichen eines Pfeiles[24] Gebärden, die Recht begründen und Recht verändern[25]. Nicht allein die Sprache trägt den Inhalt des Rechts, sondern auch die von gefestigten Gewohnheiten getragenen Gesten. Die Adoption vollzog sich dadurch, dass der fremde Mann sich des Kindes annimmt und es auf sein Knie setzt, ihm dadurch Schutz verheißt oder das Kind unter seinen Mantel nimmt.[26] Hut und Schleier bewahren die Ehre, der Pantoffel drückt die weibliche Oberherrschaft aus, der Ring ist das Zeichen zur Vermählung und Belehnung[27], das Trinken von Wein begründet ein feierliches Bündnis.[28]

---

[19] Josef Simon, Sprachphilosophische Alternative, in: ARSP (1974), S. 1/5.
[20] Jacob Grimm, Deutsche Rechtsalterthümer, Bd. I, 4. Aufl., 1899.
[21] Jacob Grimm, Deutsche Rechtsalterthümer, Bd. I, 4. Aufl., 1899, S. 190 ff.
[22] Jacob Grimm, Deutsche Rechtsalterthümer, Bd. I, 4. Aufl., 1899, S. 209 ff.; ferner: Andreas Heusler, Institutionen des deutschen Privatrechts, Bd. II, 1885, S. 67 f.
[23] Zum Symbol des Stabes vgl. Jacob Grimm, Deutsche Rechtsalterthümer, Bd. I, 4. Aufl., 1899, S. 184 ff.
[24] Jacob Grimm, Deutsche Rechtsalterthümer, Bd. I, 4. Aufl., 1899, S. 222 f.
[25] Hierzu Paul Kirchhof, Die Bestimmtheit und Offenheit der Rechtssprache, in: ders., Stetige Verfassung und politische Erneuerung, 1995, S. 9 (23 f.).
[26] Jacob Grimm, Deutsche Rechtsalterthümer, Bd. I, 4. Aufl., 1899, S. 220.
[27] Jacob Grimm, Deutsche Rechtsalterthümer, Bd. I, 4. Aufl., 1899, S. 244 f.
[28] Jacob Grimm, Deutsche Rechtsalterthümer, Bd. I, 4. Aufl., 1899, S. 263.

Recht gewinnt Kraft nicht nur durch Erfahrung, sondern auch durch Erinnerung. Ein geläufiges Geschehen, was allgemein ersichtlich ist und verstanden wird, schafft Verbindlichkeit. Jacob Grimm berichtet, dass man früher kleine Kinder – Menschen mit langer Lebenserwartung – zu wichtigen Rechtsgeschäften mitgenommen und ihnen unerwartet eine Ohrfeige gegeben hat, damit sie sich später der Sache erinnern.[29] Heute bedienen wir uns stattdessen eines kostspieligen Notars – in beiden Fällen aufwendige Verfahren, die Beweise sichern sollen.

Früher suchten auch Rechtssprichwörter Anschaulichkeit und Nähe zum Betroffenen, vermieden bewusst die kühle Sachlichkeit der Rechts- und Amtssprache: die hilfsweise Erbfolge der weiblichen Verwandtschaft beim Fehlen männlicher Erben wird im Bild ausgedrückt: „Wo kein Hahn ist, da kräht die Henne."[30] Der Gerichtsstand des Tatortes kommt im Sinnbild zum Ausdruck: „Wo sich der Esel wälzt, da muss er Haare lassen."[31] Die Dauer des Amtes endet mit der Frist, in der der Meier „uf eime Sessel ungehalten gesitzen mag".[32] Und wenn wir den Sachsenspiegel[33] oder das Narrenschiff von Sebastian Brant[34] lesen, sehen wir ungeschriebenes Recht, vorbildhafte Lebensregeln in Wort und Bild wiedergegeben, gespiegelt.

Vielfach ist durch eingängige Wortverbindungen die Einprägsamkeit und werbende Kraft des Rechts gesteigert worden. Stabreime (Haus und Hof, Land und Leute, Nacht und Nebel), Endreime (Rat und Tat, Schalten und Walten), Wiederholungen (Acht und Bann, Kraft und Macht) und die positive Aussage mit gleichzeitiger Negation (die Wahrheit sagen und die Lüge lassen) sollte das Recht verständlich machen.[35]

Der moderne Verfassungstaat macht es zur Bedingung für das Entstehen von Recht, dass das Recht in Sprache gefasst, parlamentarisch beschlossen und im Gesetzblatt veröffentlicht worden ist. Dabei sucht der Gesetzgeber heute die sachliche, nüchterne, verlässlich nachvollziehbare Sprache, erkauft das verlässliche durch ein sprödes Recht, sucht die Sicherheit in verallgemeinerungsfähigen Rechtsgedanken durch die Fülle von Einzelanordnungen zu ersetzen. Die-

---

[29] Jacob Grimm, Deutsche Rechtsalterthümer, Bd. I, 4. Aufl., 1899, S. 198 ff.
[30] Leonhard Winkler, Deutsches Recht im Spiegel deutscher Sprichwörter, 1927, S. 112.
[31] Leonhard Winkler, Deutsches Recht im Spiegel deutscher Sprichwörter, 1927, S. 181.
[32] Walther Merk, Werdegang und Wandlungen der deutschen Rechtssprache, 1933, S. 15.
[33] Eike von Repgow, Sachsenspiegel, in hochdeutscher Übertragung abgedruckt in: Eike von Repgow, Der Sachsenspiegel, 2002.
[34] Sebastian Brant, Das Narrenschiff (1494), abgedruckt in: Manfred Lemmer (Hrsg.), Sebastian Brant. Das Narrenschiff, 2. Aufl., 1968, übertragen in: Hans-Joachim Mähl (Hrsg.), Sebastian Brant. Das Narrenschiff, 1992.
[35] Paul Kirchhof, Die Bestimmtheit und Offenheit der Rechtssprache, in: ders., Stetige Verfassung und politische Erneuerung, 1995, S. 9 (23 f.).

ses Bemühen um Nüchternheit und Prägnanz soll die verbindliche Regel verlässlich überbringen, die Objektivität der Rechtspflege, unabhängig von subjektiven Empfindungen, Neigungen und Vorurteilen des Rechtsinterpreten sichern, die Stetigkeit der Rechtsmaßstäbe und ihrer Anwendung gewährleisten, eine gesetzlich gelenkte Wirklichkeitssicht im Blickwinkel des Gesetzes veranlassen, die Kompetenzen zwischen vorsprechendem Gesetzgeber und nachsprechendem Interpreten, insbesondere der Verwaltung und der Rechtsprechung, klar verteilen.

Diese Sicherheit im Recht durch prägnante Sprache fördert eine Tendenz, die Rechtsprache in Teilrechtsgebieten juristisch zu verselbständigen und damit mehr und mehr von der Alltagssprache abzuheben. Dadurch verliert die Gesetzessprache die Kraft, Rechtsbewusstsein zu schaffen und zu vertiefen. Sie überfordert den Bürger, der in dieser Sprache Erklärungen, etwa Steuererklärungen, abgeben soll. Sie verführt den Gesetzesanwender, auf die Allgemeinverständlichkeit zu verzichten, drängt ihn zugleich in eine Rolle des Dolmetschers zwischen Allgemein- und Rechtssprache, der er nicht immer entsprechen kann.

Das Finanz- und Steuerrecht, das Recht der Bilanzen und Statistiken steigert diese formale Sprechweise, in dem es die Wirklichkeit fast ausschließlich in Zahlen abzubilden sucht. Das Wirtschaftswesen erfasst das Wachstum in einem Bruttoinlandsprodukt, das allein den bezahlten Gütertausch feststellt, ohne nach den geschaffenen Werten zu fragen. Wenn Autofahrer im Stau stehen, dadurch Energie vergeuden und die Umweltbelastung erhöhen, steigert dieses das Bruttoinlandsprodukt. Ob Wachstum vor allem das Heranwachsen von Kindern und deren Bildung, den inneren und äußeren Frieden, die menschengerechte Verbesserung der Leistungen voraussetzt, wird nicht gefragt. Und wenn die Arbeitsmarktpolitik ausschließlich die Arbeitsplätze zählt, nicht aber prüft, ob ein Arbeitsplatz produktiv ist und eine Zukunft hat, so erschwert sie oft die Sanierung unproduktiver Unternehmen, behindert damit das Entstehen von Arbeitsmöglichkeiten, die einen Mehrwert hervorbringen und deswegen langfristig dem Arbeitenden ein Einkommen vermitteln. Doch das menschliche Leben lässt sich nicht allein in Zahlen erfassen. Dieses hat mir jüngst ein Geburtstagsgratulant bewusst gemacht, der mir empfahl, hundert Jahre alt zu werden; danach – so sage die Statistik – sterbe kaum noch ein Mensch.

Jeder Rechtssatz belässt, weil er in die Zukunft vorgreift und schon mit der Verkündung veraltet ist, beim Adressaten ein Stück Unsicherheit. Dieses aber ist kein Mangel der Gesetzgebung, sondern eine Ermächtigung an den Gesetzesadressaten, dem in der Offenheit des Gesetzes individuelle Freiheit verbleibt. Wendet sich das Gesetz an ein Staatsorgan, weist das offene Gesetz diesem einen Interpretationsauftrag zu. Verwaltung und Rechtsprechung nehmen die gesetzliche Vorgabe auf und sprechen sie – vervollständigend und ergänzend – nach.

IV. Die Arbeitsteilung beim Aussprechen des Rechts

Wenn Menschen gegenwärtig miteinander sprechen, kann der Sprecher seine Aussage durch Gesten unterstützen. Er wird beim Sprechen lächeln oder die Stirn runzeln, die Arme einladend ausbreiten oder dem Partner abwehrend entgegenstrecken, auf den Hörer zugehen oder sich von ihm zurückziehen.

Selbst Tonfall und Sprachklang stützen die Aussage. Wenn wir den Sprecher im Rundfunk hören, wissen wir schon nach wenigen Worten, was uns erwartet: Seine Tonlage zeigt Einsicht oder Befremden, bekundet Zufriedenheit oder Empörung, vermittelt Gelassenheit oder Aufregung. Seine Stimme stimmt zu oder gegen, stimmt ein oder um. Meister ihres Fachs können hörbar lächeln oder die Stirne runzeln. Sie flüstern und raunen, stocken und stolpern, eilen und zögern, tuscheln und prangern, lärmen und höhnen.

All dieses kann der Gesetzgeber nicht. Hat er das Gesetz verkündet, hat er sein Wort gesprochen, kann es nicht mehr deuten, mäßigen, akzentuieren, schwächen oder stärken. Dennoch bleibt der Rechtstaat nach Verkündung des Gesetzes nicht sprachlos, sondern bedient sich eines eigenen Sprechers, der rechtsprechenden Gewalt, um mit den betroffenen Bürgern über das Recht zu sprechen. Der Richter, dem die Rechtsprechung „anvertraut" ist (Artikel 92 GG), spricht mit den Gesetzesadressaten über das sie betreffende Gesetz. Das gesamte Gerichtsverfahren ist ein Sprechvorgang. Der Richter gewährt den Parteien rechtliches Gehör, spricht dabei in öffentlicher Verhandlung für jedermann hörbar und sichtbar, wahrt auch in der Art seines Sprechens Unbefangenheit, begründet seine Entscheidung schriftlich und wird in dieser Begründung allem, was beantragt und vorgetragen ist, gerecht. Der Betroffene wehrt sich gegen ein von ihm empfundenes Unrecht durch „Klage", durch Ein„spruch" und Wider„spruch". Der Richter entscheidet über An„spruch" und Frei„spruch", erwägt eine ent„sprechende" Anwendung des Gesetzes, verkündet den Richter„spruch". Ist der Betroffene nicht mit dem Urteil einverstanden, „ruft" er die Berufungsinstanz an.

Rechtsprechen ist mehr als Nachsprechen von Vorgeschriebenem, ist Nachdenken der stets unvollständigen Vorschrift. Dieses richterliche Nachsprechen ist ein Weitersprechen, weil auch die Gesetzgebung als Vorgang des Sprechens angelegt ist. Das „Parlament" be„rät", der Abgeordnete gibt seine „Stimme" ab, der Bundes„rat" „stimmt" zu oder erhebt „Einspruch", das Gesetz wird „verkündet", bringt im Wort„laut" Verbindlichkeit zum Ausdruck.

Rechtstaatlichkeit meint Sprechen über das Recht. Damit ist die gewaltsame Konfliktlösung zurückgewiesen, das Begreifen der Probleme und Lösungen in Sprache vorgezeichnet, Dialog und Debatte, Meinungsäußerung und Kritik zum Prinzip des Rechtslebens bestimmt.

V. Nach bestem Wissen und Gewissen

Wenn das Recht auf die Beobachtungen und das Wissen eines Menschen angewiesen ist – bei der Zeugenaussage, der Steuererklärung, dem Sachverständigengutachten – erwartet es eine Aussage „nach bestem Wissen und Gewissen".[36] Diese klassische Formel macht den Maßstab derartiger Erklärungen bewusst: Der Handelnde stützt sich auf sein Wissen, beobachtet also die Welt mit den naturwissenschaftlichen Methoden von Kausalität und Experiment, erklärt sie in Erfahrung, Erinnerung, Gemeinschaftstradition.[37] Doch neben diesem Beobachten des tatsächlichen Geschehens tritt das menschliche Verstehen, in dem der Mensch die Welt zu ergründen, Sinn, Bedeutung und Ziel menschlichen Lebens zu begreifen, in sich selbst einen Maßstab für gut und böse, für das eigene Handeln zu finden hofft. Das naturwissenschaftlich Beweisbare gibt Sicherheit, Souveränität im Methodischen, wie bei einem Fürsten, der sein Hoheitsgebiet souverän beherrscht, für das Nachbargebiet aber nichts zu sagen hat. Doch der Mensch will nicht in einem begrenzten Gebiet verharren; er will reisen, in die Ferne streben, die Weite der Welt erleben.

Das Recht ereignet sich in dem „Raum der Ursachen", in dem Menschen verhungern, ein Fahrzeug im Straßenverkehr beschädigt wird, ein Mensch einen anderen tötet, der Forscher ein Arzneimittel erfindet, der Astronaut zum Mond fährt. Recht lebt aber ebenso im „Raum der Gründe",[38] in dem der Mensch nach dem Sinn und der Bedeutung seines Lebens fragt, die Geltung des Rechts zu begründen und seine Inhalte zu rechtfertigen sucht, die Institutionen des Rechts – den Staat und seine Organe – legitimieren will.

Auch staatliches Handeln baut auf dieses Wissen.[39] Es weiß, dass der Mensch und damit das Subjekt des Rechts über ein Wissen verfügt, das aus

---

[36] Vgl. heute noch § 150 Abs. 2 S. 1 AO dazu Roman Seer, in: Klaus Tipke/Wilhelm Kruse, Abgabenordnung, Kommentar, Stand: Oktober 2009, § 150 Rn. 14; § 38 Abs. 1 DRiG Schmidt Räntsch, Deutsches Richtergesetz, Kommentar, 6. Aufl., 2009. § 38 Rn. 4.
[37] Zu den Formen von Wissen vgl. Hans Mohr, Wissen – Prinzip und Ressource, 1999, S. 10 ff.
[38] Wilfrid Sellars, Empiricism and the philosophy of mind, 1997, S. 75 f., übersetzt in: Thomas Blume (Hrsg.), Der Empirismus und die Philosophie des Geistes, 1999, S. 65 f.
[39] Einen Überblick zu Wissen als Grundlage staatlichen Handelns gibt Bardo Faßbender, Wissen als Grundlage staatlichen Handelns, in: Josef Isensee/Paul Kirchhof (Hrsg.), Handbuch des Staatsrechts, Band IV, 3. Aufl., 2006, § 76 Rn. 7 f.

Beobachten und Erfahren erwächst, das er bewusst sprachlich ausdrücken, in mathematischen Formeln, in Statistiken und Dateien erfassen kann (explizites Wissen). Daneben baut er auf ein Wissen, das aus seiner Erinnerung, seinen persönlichen Überzeugungen, Leidenschaften, Ahnungen, Sichtweisen, Wertungen und Leitbildern erwächst (implizites Wissen).[40] „Alles Wissen und Kennen veraltet in uns; aber alle Empfindung ist ewig unerschöpflich und neu".[41] Steht der Mensch vor der Frage, wie er das, was er tun will, tatsächlich tun kann, handelt er nach Erfahrung und wissenschaftlicher Erkenntnis (Verfügungswissen). Fragt er hingegen, was er tun soll und was er tun darf, richtet er sich nach Wertmaßstäben, Vorbildern, Kulturprinzipien, persönlichen Überzeugungen (Orientierungswissen).[42] Ein dem Menschen gerecht werdendes Recht muss in dieser Offenheit für Wissen und Gewissen, für Geschehen und Verstehen, für Vernunft und Belieben, für explizites und implizites, für Verfügungswissen und Orientierungswissen offen sein. Deshalb muss ein Gesetz weniger prägnant, es muss menschengerecht gesprochen werden.

VI. Die Rechtsquellen

Die Rechtstheorie zeichnet im Begriff der „Rechtsquelle"[43] ein eindrucksvolles Bild für das Entstehen, die Verbindlichkeit und die Erkennbarkeit von Recht: Die Quelle macht eine vorgegebene Substanz des Wassers sichtbar, von dessen Existenz im Berg wir wissen, dessen konkrete Konturen aber bisher im Verborgenen geblieben sind. Im Begriff der „Quelle" begreifen wir die Ursache, die Substanz hervorbringt, aber auch die andauernd hervorgetretene Substanz. Wird die Quelle im Naturzustand belassen, ist die Substanz weniger deutlich erkennbar, weniger von anderen Substanzen abgrenzbar, deshalb nur abgeschwächt wirksam. Ist die Quelle hingegen gefasst, so tritt die Substanz ge-

---

[40] Hans Mohr, Wissen – Prinzip und Ressource, 1999, S. 10 f.
[41] Das wörtliche Zitat wurde dem veröffentlichten Nachlass Jean Pauls entnommen, abgedruckt in: Thomas Wirtz/Kurt Wölfel (Hrsg.), Jean Paul. Ideen-Gewimmel. Texte & Aufzeichnungen aus dem unveröffentlichten Nachlass, 1996, S. 65, dazu Bardo Faßbender, Wissen als Grundlage staatlichen Handelns, in: Josef Isensee/Paul Kirchhof (Hrsg.), Handbuch des Staatsrechts, Band IV, 3. Aufl., 2006, § 76 Rn. 8.
[42] Hans Mohr, Wissen – Prinzip und Ressource, 1999, S. 11 f.
[43] Zur „Rechtsquelle" vgl. Karl Bader, Deutsches Recht, in: Deutsche Philologie im Aufriss, Band III, 2. Aufl., 1962, Sp. 1971 (1983 ff.); Theodor Bühler, Rechtsquellenlehre, 3 Bände, 1977-1985; Ekkehard Kaufmann, Rechtsquellen, in: Adalbert Erler/ Ekkehard Kaufmann (Hrsg.), Handwörterbuch zur deutschen Rechtsgeschichte, Band IV, 1990, Sp. 335 ff.; Paul Kirchhof, Rechtsquellen und Grundgesetz, in: Christian Starck (Hrsg.), Bundesverfassungsgericht und Grundgesetz. Festgabe aus Anlass des 25-jährigen Bestehens des Bundesverfassungsgerichts, Band II, 1976, S. 50 ff.

formt, für jedermann erkennbar und logisch abgrenzbar hervor. Der Ursprung des Verfassungsrechts ist eher die Quelle im Naturzustand, der Ursprung sonstigen Rechts die gefasste Quelle, das von verfassten Organen in einem verfassungsrechtlich vorgezeichneten Verfahren hervorgebrachte Recht.

Dabei ist ein Gesetz meist Antwort auf eine tatsächliche Anfrage an das Recht. Dies gilt insbesondere für die Verfassung als Gedächtnis der Demokratie,[44] diese rechtliche Auseinandersetzung mit Elementarerfahrungen von Politik und Staatlichkeit. Wer Krieg erlebt hat, organisiert den Frieden, wer unterdrückt worden ist, kämpft für Freiheit, wer Entwürdigungen erlitten hat, garantiert eine unantastbare Würde für jeden Menschen, wer hungern musste, fordert Existenzsicherheit in einem sozialen Staat. Neben dieses Rechtswissen tritt die Rechtseinsicht in die Funktion eines allgemeinen Gesetzes, eines Parlaments, einer Gerichtsbarkeit, die Rechtserinnerung an Vorbilder – Freiheitskämpfer, Bekenner, Diplomaten, Heilige –, die Rechtswertungsquellen von Ethos, Moral, Religion, der gemeinschafts- und kulturbedingte Bedarf, insbesondere in Wirtschaft und Arbeit, Gesundheit und Alterssicherung, Wissenschaft und Bildungssystemen, Anforderungen von Naturwissenschaft und Technik. Diese Rechtserzeugungsquellen bestimmen die Rechtsprache, ihr Entstehen, ihre Verbindlichkeit, ihren Verstehenshorizont.

Recht muss gefertigt und in diesem Entstehen gerechtfertigt werden.[45] In einer religiös geprägten Gesellschaft bieten die Kirche und ihre Moral die Regeln menschlichen Zusammenlebens.[46] Das Naturrecht setzt auf die in jedem Menschen angelegte Humanität, die Einsicht in die natürlichen Bedürfnisse der Menschen.[47] Der Gesellschaftsvertrag fingiert eine Vereinbarung, in der alle Mitglieder einer Rechtsgemeinschaft sich auf Grundbedingungen ihres friedlichen Zusammenlebens verständigen und dafür ein Stück ihrer Freiheit hinge-

---

[44] Paul Kirchhof, Das Grundgesetz als Gedächtnis der Demokratie – Die Kontinuität des Grundgesetzes im Prozess der Wiedervereinigung und der europäischen Integration, in: Martin Heckel (Hrsg.), Die innere Einheit Deutschlands inmitten der europäischen Einigung, 1996, S. 35 ff.

[45] Zum Wortspiel „Rechtfertigen durch Recht fertigen" vgl. Marie Theres Fögen, Das Lied vom Gesetz, 2007, S. 123, Fn. 271.

[46] Zum göttlichen Recht vgl. Franz Böckle, Natürliches Gesetz als göttliches Gesetz in der Moraltheologie, in: Franz Böckle/Ernst-Wolfgang Böckenförde (Hrsg.), Naturrecht in der Kritik, 1973, S. 165 ff.; Ralf Dreier, Göttliches und menschliches Recht, in: Zeitschrift für evangelisches Kirchenrecht, (32) 1987, 289 ff.

[47] Zum Naturrecht vgl. Bernd Rüthers, Rechtstheorie, 3. Aufl., 2007, § 12; Alexander Hollerbach, Naturrecht, in: Wilhelm Korff/Lutwin Beck/Paul Mikat (Hrsg.), Lexikon der Bioethik, Band 2, 1998, S. 738 ff.; Klaus Stern, Idee der Menschenrechte und Positivität der Grundrechte, in: Josef Isensee/Paul Kirchhof (Hrsg.) Handbuch des Staatsrechts, Band V, 2. Aufl., 2000, § 108 Rn. 9 f.

ben.[48] Die Vorstellung von einer unaufhörlichen öffentlichen Debatte vertraut auf die öffentliche Diskussion als Weg zu rationalem Handeln oder zumindest zur Vermeidung des grob Unvernünftigen.[49] Der dabei über die Entscheidungsverfahren gebreitete Schleier des Nichtwissens[50] hofft nicht auf den selbstvergessenen, sondern auf den seine eigenen Interessen überwindenden Menschen. Alles dieses Denken setzt auf Gespräch, Debatte, Verständigung, Zustimmung, sucht also Befehl und Zwang durch Gespräch und Gedankenaustausch zu ersetzen. Die Entwicklung des modernen Verfassungsstaates zeichnet den Weg von der schweigenden Unterwerfung zur mitsprechenden Demokratie.

Literatur

Karl Bader, Deutsches Recht, in: Deutsche Philologie im Aufriss, Band III, 2. Aufl., 1962, Sp. 1971 (1983 ff.)
Franz Böckle, Natürliches Gesetz als göttliches Gesetz in der Moraltheologie, in: Franz Böckle/ Ernst-Wolfgang Böckenförde (Hrsg.), Naturrecht in der Kritik, 1973
Heinrich Böll, Die Sprache als Hort der Freiheit, in: Bernd Balzer (Hrsg.), Heinrich Böll. Werke. Essayistische Schriften und Reden I, Band 7, 1979. S. 301.
Sebastian Brant, Das Narrenschiff (1494), abgedruckt in: Manfred Lemmer (Hrsg.), Sebastian Brant. Das Narrenschiff, 2. Aufl., 1968, übertragen in: Hans-Joachim Mähl (Hrsg.), Sebastian Brant. Das Narrenschiff, 1992.
Theodor Bühler, Rechtsquellenlehre, 3 Bände, 1977-1985
Ralf Dreier, Göttliches und menschliches Recht, in: Zeitschrift für evangelisches Kirchenrecht, (32) 1987
Bill Drews, Preußisches Polizeirecht, Band 1, 1933
Armin Engländer, Diskurs als Rechtsquelle?, 2002
Bardo Faßbender, Wissen als Grundlage staatlichen Handelns, in: Josef Isensee/Paul Kirchhof (Hrsg.), Handbuch des Staatsrechts, Band IV, 3. Aufl., 2006, § 76
Marie Theres Fögen, Das Lied vom Gesetz, 2007
Egon Friedell, Kulturgeschichte Griechenlands – Leben und Legende der vorchristlichen Seele, 1994

---

[48] Zum Gesellschaftsvertrag vgl. Jean-Jacques Rousseau, Du contrat social ou principes du droit politique (1762), übersetzt in: Jean-Jacques Rousseau, Sozialphilosophische und Politische Schriften, 1981, S. 267 ff.; dazu: Wolfgang Kersting, Die politische Philosophie des Gesellschaftsvertrags, 2005; Wolfgang Kersting, Jean-Jacques Rousseaus „Gesellschaftsvertrag", 2002.
[49] Vgl. Darstellung und Kritik bei Armin Engländer, Diskurs als Rechtsquelle?, 2002.
[50] John Rawls, A Theory of Justice (1971), Neudruck 2005, S. 136 ff. et passim, übersetzt in: John Rawls, Eine Theorie der Gerechtigkeit, 1975, S. 159 ff. et passim; vgl. ferner John Rawls, Justice as Fairness. A Restatement, 2. Aufl., 2001, S. 85 et passim, übersetzt in Erin Kelly (Hrsg.) John Rawls. Gerechtigkeit als Fairness. Ein Neuentwurf, 2006, S. 139 ff. et passim.

Jacob Grimm, Von der Poesie im Recht, in: Zeitschrift für geschichtliche Rechtswissenschaft, 1816, Band II, H. 1, S. 25.
Jacob Grimm, Deutsche Rechtsalterthümer, Bd. I, 4. Aufl., 1899.
Friedrich der Große, Über die Gründe, Gesetze einzuführen oder abzuschaffen, in: Gustav Berthold Volz (Hrsg.), Die Werke Friedrichs des Großen, Bd. 8: Philosophische Schriften, 1913
Andreas Heusler, Institutionen des deutschen Privatrechts, Bd. II, 1885
Alexander Hollerbach, Naturrecht, in: Wilhelm Korff/Lutwin Beck/Paul Mikat (Hrsg.), Lexikon der Bioethik, Band 2, 1998
Gerhart Husserl, Recht und Zeit. Fünf rechtsphilosophische Essays, 1955
Ekkehard Kaufmann, Rechtsquellen, in: Adalbert Erler/Ekkehard Kaufmann (Hrsg.), Handwörterbuch zur deutschen Rechtsgeschichte, Band IV, 1990
Wolfgang Kersting, Jean-Jacques Rousseaus „Gesellschaftsvertrag", 2002
Wolfgang Kersting, Die politische Philosophie des Gesellschaftsvertrags, 2005
Eckart Klein, Staatssymbole, in: Josef Igensee/Paul Kirchhof (Hrsg.), Handbuch des Strafrechts, Band II, 3. Auflage, 2004, § 19.
Gregor Kirchhof, Die Allgemeinheit des Gesetzes, 2009.
Paul Kirchhof, Rechtsquellen und Grundgesetz, in: Christian Starck (Hrsg.), Bundesverfassungsgericht und Grundgesetz. Festgabe aus Anlass des 25-jährigen Bestehens des Bundesverfassungsgerichts, Band II, 1976, S. 50.
Paul Kirchhof, Rechtsänderung durch geplanten Sprachgebrauch?, in: Dieter Wilke/Harald Weber (Hrsg.), Gedächtnisschrift für Friedrich Klein, 1977, S. 277.
Paul Kirchhof, Die Bestimmtheit und Offenheit der Rechtssprache, in: ders., Stetige Verfassung und politische Erneuerung, 1995, S. 9.
Paul Kirchhof, Das Grundgesetz als Gedächtnis der Demokratie – Die Kontinuität des Grundgesetzes im Prozess der Wiedervereinigung und der europäischen Integration, in: Martin Heckel (Hrsg.), Die innere Einheit Deutschlands inmitten der europäischen Einigung, 1996, S. 35.
Paul Kirchhof, Deutsche Sprache, in: Josef Isensee/Paul Kirchhof (Hrsg.), Handbuch des Staatsrechts, Band II, 3. Auflage, 2004, § 20
Walther Merk, Werdegang und Wandlungen der deutschen Rechtssprache, 1933
Hans Mohr, Wissen – Prinzip und Ressource, 1999.
Walter Pauly, Die Verfassung der Paulskirche und ihre Folgewirkungen, in: Josef Isensee/Paul Kirchhof (Hrsg.), Handbuch des Staatsrechts der Bundesrepublik Deutschland, Band I, 3. Auflage, 2003, § 3
John Rawls, A Theory of Justice (1971), Neudruck 2005, übersetzt in: John Rawls, Eine Theorie der Gerechtigkeit, 1975
John Rawls, Justice as Fairness. A Restatement, 2. Aufl., 2001 übersetzt in: Erin Kelly (Hrsg.) John Rawls. Gerechtigkeit als Fairness. Ein Neuentwurf, 2006.
Jean-Jacques Rousseau, Du contrat social ou principes du droit politique (1762), übersetzt in: Jean-Jacques Rousseau, Sozialphilosophische und Politische Schriften, 1981
Bernd Rüthers, Rechtstheorie, 3. Aufl., 2007.
Wilfrid Sellars, Empiricism and the philosophy of mind, 1997, übersetzt in: Thomas Blume (Hrsg.), Der Empirismus und die Philosophie des Geistes, 1999
Josef Simon, Sprachphilosophische Alternative, in: ARSP (1974), S. 65.
Klaus Stern, Idee der Menschenrechte und Positivität der Grundrechte, in: Josef Isensee/Paul Kirchhof (Hrsg.) Handbuch des Staatsrechts, Band V, 2. Aufl., 2000, § 108
Eike von Repgow, Sachsenspiegel, in hochdeutscher Übertragung abgedruckt in: Eike von Repgow, Der Sachsenspiegel, 2002
Ludwig Wittgenstein, Tractatus Logico Philosphicus, 1921

Leonhard Winkler, Deutsches Recht im Spiegel deutscher Sprichwörter, 1927
Thomas Wirtz/Kurt Wölfel (Hrsg.), Jean Paul. Ideen-Gewimmel. Texte & Aufzeichnungen aus dem unveröffentlichten Nachlass, 1996

Peter Graf Kielmansegg

Die Sprachlosigkeit der Sozialwissenschaften

I. Ich muss mit dem Eingeständnis beginnen, dass ich den Titel für meinen Vortrag keineswegs in sorgfältiger Überlegung gewählt habe. Es war ein eher spontaner Entschluss, aus der etwas litaneihaften Eintönigkeit, in der das Programm unser Vorhaben anzukündigen schien, auszubrechen. Aber, wie ich feststellte, als ich mich an die Arbeit machte, kein ganz unüberlegter.

Natürlich sind die Sozialwissenschaften nicht sprachlos. Sie sind in gewissem Sinne höchst beredt. Aber sie haben ein Problem mit der Sprache, mit ihrer Sprache. Über dieses Problem möchte ich reden. Es ist kein triviales Problem. Ich behaupte vielmehr – und bin mir durchaus bewusst, dass ich ein starkes Wort benutze –, dass im Sprachproblem der Sozialwissenschaften gewisse Pathologien dieser Fächer sichtbar werden. Vielleicht übertreibt nicht einmal die spontan gewählte Formel von der Sprachlosigkeit der Sozialwissenschaften allzu sehr. Dass die Sozialwissenschaften mit dem, was sie zu sagen haben, hierzulande eher wenig gehört werden, hat vermutlich viel mit dem zu tun, was ich eben ihr Sprachproblem genannt habe. Man hört nicht aufmerksam zu, wenn man nicht gut verstehen kann. Und wem man nicht zuhört, wer nicht gehört werden kann, der ist, so könnte man sagen, sprechend sprachlos.

Natürlich ist es eine arge Vereinfachung, von einem Sprachproblem *der* Sozialwissenschaften zu sprechen. Ich muss präzisierend zumindest sagen, dass ich im Besonderen, wenn auch keineswegs nur, die deutschsprachigen Sozialwissenschaften im Auge habe. Und auch die deutschsprachigen Sozialwissenschaften artikulieren sich natürlich nicht nur in einer Einheitssprache. Es gibt gerade in Deutschland in den Sozialwissenschaften konkurrierende Fachtraditionen, konkurrierende fachliche Kulturen, und das prägt sich durchaus auch in unterschiedlichen Weisen zu sprechen aus. Dennoch, denke ich, ist es möglich, gewisse verbreitete Eigentümlichkeiten in der Redeweise der Sozialwissenschaften unabhängig von einer bestimmten Sprache zu diagnostizieren und diese Eigentümlichkeiten zu deuten.

Was ich im Folgenden vortrage, wird nicht mehr als eine knappe Argumentationsskizze sein. Eine Diskussion, an die anzuknüpfen wäre, gibt es, soweit ich sehe, nicht.

II. Um das Sprachproblem der Sozialwissenschaften angemessen beschreiben zu können, empfiehlt es sich, mit einigen allgemeinen Überlegungen zum „Sprechen" der Wissenschaft zu beginnen. Wissenschaft spricht, nicht in jedem Einzelfall aber als Institution, immer in zwei Richtungen. Sie spricht nach innen und sie spricht nach draußen. Sie spricht mit sich selbst und sie spricht mit der Welt.

Dass sie mit sich selbst spricht, erscheint uns als selbstverständlich. Nur im Gespräch mit sich selbst oder genauer: im Gespräch derer, die Wissenschaft betreiben, miteinander schreitet Wissenschaft fort. Aber gehört es wirklich zum Wesen der Wissenschaft, dass sie auch mit der Welt spricht? Ich denke ja, weil wissenschaftliche Erkenntnis nur im Gespräch mit der Welt das Bild, das wir von der Welt haben, prägen, formen, bestimmen kann. Darauf aber zielt die ganze ungeheure Dynamik des „Wissen-Wollens", die die europäische Neuzeit in Gang gesetzt hat. Wissenschaft ist nicht als Veranstaltung um ihrer selbst willen erdacht worden, sondern als Unternehmung, die uns in ein neues Verhältnis zur Welt setzen will. Deshalb muss die Welt teilnehmen an der systematischen Bemühung der Wissenschaft, die Welt zu verstehen.

Natürlich gilt, was ich mit der Formel, Wissenschaft spreche in zwei Richtungen, auszudrücken versuche, für die verschiedenen Wissenschaften auf sehr unterschiedliche Weise. Die formale Sprache der Mathematik ist eine Sprache, die grundsätzlich nur in eine Richtung gesprochen werden kann, nach innen. Soweit sich Wissenschaften dieser Sprache bedienen müssen, wird das Sprechen in die andere Richtung nur durch eine schwierige und nie ganz befriedigende Übersetzungsarbeit möglich. Die Wissenschaft der Mathematik selbst, die gleichsam identisch ist mit der Sprache, in der sie sich artikuliert, ist überhaupt nicht mehr übersetzbar. Andere Wissenschaften können in der gleichen Sprache nach innen wie nach draußen sprechen. Oder sie können ihre Binnensprache relativ leicht für das Sprechen mit der Welt tauglich machen. Fachsprachen, heißt das, sind keineswegs notwendigerweise unüberwindliche Kommunikationsbarrieren zwischen der Wissenschaft und der Außenwelt.

Ich nenne die beiden Eckpunkte der in diesen Überlegungen angedeuteten Skala esoterisches und exoterisches Sprechen. Und wiederhole noch einmal, jetzt in dieser dichotomischen Begrifflichkeit, was ich eben gesagt habe: Für Wissenschaft ist die Spannung zwischen esoterischem und exoterischem Sprechen konstitutiv. Es gibt Wissenschaften, bei denen die Differenz zwischen esoterischem und exoterischem Sprechen kaum wahrnehmbar ist, auch wenn sie nie ganz aufgehoben ist – jeder Wissenschaftler spricht mit jedem Fachkollegen anders als mit den Außenstehenden, schon um sich selbst als dazugehörig auszuweisen und den Gesprächspartner als dazugehörig auszuzeichnen. Und es gibt auf der anderen Seite Wissenschaften, die genuin nur esoterisch sprechen können und nur in Übersetzungen an die Außenwelt vermittelbar sind.

In erster Linie entscheiden natürlich objektive, d. h. für den Sprecher nicht zur Disposition stehende Gegebenheiten darüber, wie sich eine bestimmte Wissenschaft in dieser Spannung zwischen esoterischem und exoterischem Sprechen artikuliert: der Gegenstand, die Methodik der Erkenntnissuche, die Art der gewonnenen Erkenntnisse. Aber, und das ist für mein Thema wichtig, an zweiter Stelle hat auch das durchaus disponible Selbstverständnis eines Faches Einfluss darauf, wie es spricht. Die Sprache eines Faches ist ein Aspekt dessen, was man die Kultur des Fachs nennen kann. Und diese „Kultur" ist keineswegs in allen Belangen durch das Objekt determiniert.

Die Sozialwissenschaften haben auf der Skala, mit der ich hier arbeite, einen mittleren Platz, nach der Natur der Sache freilich weit näher zum exoterischen als zum esoterischen Endpunkt hin. Die Sozialwissenschaften können sich angemessen nicht ganz und gar in der Alltagssprache artikulieren. Sie können das nicht, weil sie ihrem Erkenntnisziel entsprechend von der konkret wahrnehmbaren, erfahrbaren sozialen Wirklichkeit abstrahieren müssen, um Muster sozialen Verhaltens und sozialer Wirkungszusammenhänge entdecken und angemessen beschreiben zu können. Diese Abstraktionsleistung erbringt die Alltagssprache nicht schon von sich aus.

Aber die Sozialwissenschaften haben durchaus die Möglichkeit, die Distanz zwischen esoterischem und exoterischem Sprechen gering zu halten. Meine schlichte These ist, dass die Sozialwissenschaften gute Gründe hätten, vorzugsweise exoterisch, so exoterisch wie möglich zu sprechen, aber eine ausgeprägte Neigung entwickelt haben, so esoterisch wie möglich zu sprechen. Um die Erläuterung dieser These wird es im Folgenden gehen.

III. Welches sind die guten Gründe, die es den Sozialwissenschaften nahelegen, vorzugsweise exoterisch zu sprechen?

Die soziale Welt, das Untersuchungsobjekt der Sozialwissenschaften, konstituiert sich wesentlich in Sprache, durch Sprache. Die Wissenschaften, die diese Welt beschreiben und entschlüsseln wollen, verrichten ihre Arbeit in ständiger Kommunikation mit ihr. Dadurch unterscheiden sie sich von den Wissenschaften, die es mit der unbelebten Natur oder, um es genauer zu sagen, der Natur, mit der wir nicht von gleich zu gleich kommunizieren können, zu tun haben. Kürzer gesagt: In den Sozialwissenschaften begegnen sich Subjekt und Objekt der Erkenntnissuche als miteinander kommunizierende Partner.

Näherhin heißt das:

- Die Kommunikation mit der sozialen Welt ist zum einen notwendig, um die Fragen, die Themen, die Probleme zu identifizieren, die der sozialwissenschaftlichen Erkenntnissuche ihre Richtung vorgeben. Natürlich ist das nicht so zu verstehen, dass die Sozialwissenschaften die Fragen, die sie stellen, in der sozialen Welt einfach vorfinden. Jeder wissenschaftlichen Fragestellung ist Reflexion immer schon vorausgegangen. Und diese Reflexion wiederum wird erst durch ein Stück schon geleisteter theoretischer Durchdringung der sozialen Welt möglich. Aber der Prozess, in dem die weiterführenden Fragen formuliert werden, ist jedenfalls in den Sozialwissenschaften kein autarker. Kommunikation mit der außerwissenschaftlichen Welt ist ein notwendiges Element in diesem Prozess. Keine Gesellschaftstheorie kann sie überflüssig machen, es sei denn, man setzt ihre Richtigkeit apriorisch voraus.

– Die Sozialwissenschaften sind, zweitens, auf eine stetige, dichte Kommunikation mit der sozialen Welt, die ihr Untersuchungsobjekt ist, angewiesen, weil nicht nur aber auch in dieser Kommunikation darüber entschieden wird, ob sich ihre – der Wissenschaft – Aussagen über die soziale Welt als valide erweisen. Das Objekt, die beobachtete Welt, hat selbst eine Stimme. Und darf mit dieser Stimme nicht ausgeschlossen werden aus dem Prozess der Prüfung dessen, was die Wissenschaft über sie aussagt.

– Schließlich: Der Beobachtungsprozess selbst vollzieht sich zu einem guten Teil als Kommunikation zwischen Subjekt und Objekt der Beobachtung. Die Befragung, die ja ein Standardinstrument der empirischen Sozialwissenschaften ist, macht das ganz unmittelbar deutlich. Tatsächlich aber gilt keineswegs nur in diesem buchstäblichen Sinn, dass die Sozialwissenschaften die soziale Welt nur erforschen können, indem sie als Beobachter mit ihr kommunizieren.

Zusammengefasst heißt das: Sozialwissenschaften, die sich die Möglichkeit nehmen, mit der sozialen Welt, die sie beschreiben und erklären wollen, zu kommunizieren; oder umgekehrt: Sozialwissenschaften, die der sozialen Welt, die sie beschreiben und erklären wollen, die Möglichkeit nehmen, mit ihnen, den Sozialwissenschaften zu kommunizieren, beschädigen eine essentielle Voraussetzung sozialwissenschaftlicher Erkenntnis. Exoterisches Sprechen, das liegt auf der Hand, ist eine Bedingung der Möglichkeit solcher Kommunikation. Woraus dann unser Ausgangssatz folgt: Die Sozialwissenschaften tun gut daran, exoterisch zu sprechen und zwar aus wissenschaftsimmanenten Gründen.

IV. Und warum neigen sie gleichwohl dazu, esoterisch zu sprechen? Ich sehe drei Gründe, die analytisch unterscheidbar sind, auch wenn sie einander in ihrer tatsächlichen Wirksamkeit sicher durchdringen.

– Das esoterische Sprechen hat, erstens, einen den Sozialwissenschaften willkommenen Verfremdungseffekt.

– Esoterisches Sprechen ist, zweitens, die Konsequenz einer sich stetig verstärkenden Tendenz zur Formalisierung von Beschreibungs- und Erklärungsweisen, einer Tendenz, die nach den Wirtschaftswissenschaften auch die Sozialwissenschaften im engeren Sinn zunehmend erfasst.
– In der Neigung zum esoterischen Sprechen spiegelt sich, drittens, ein Wissenschaftsautismus, der von bestimmten allgemeinen Trends der Wissenschaftsentwicklung maßgeblich befördert wird.

Alle drei Behauptungen bedürfen der Erläuterung.

Was meine ich, wenn ich von einem den Sozialwissenschaften willkommenen Verfremdungseffekt spreche? Sozialwissenschaften – im Unterschied zu anderen Wissenschaften – berichten über Wirklichkeiten, die grundsätzlich für jedermann erfahrbar sind; über Wirklichkeiten, die nicht nur durch Wissenschaft entschlüsselt werden können; über Wirklichkeiten, für die es „Expertise" kraft Erlebens, Betroffen-Seins, Beteiligt-Seins außerhalb der Wissenschaft gibt.

Wenn ein Soziologe untersucht, warum bestimmte Ehen scheitern und andere Bestand haben; ein Pädagoge herausfinden will, welcher Unterrichtsstil Lernbereitschaft fördert; ein Politikwissenschaftler sich mit dem Einfluss der europäischen Gesetzgebung auf die nationalen Gesetzgebungsprozesse beschäftigt; ein Psychologe der Frage nachgeht, welchen Einfluss Emotionen auf Wahrnehmungen haben – immer gibt es eine außerwissenschaftliche Primärerfahrung, die für den, der diese primäre Erfahrung macht, durchaus das Potential birgt, sich ein rationales Urteil über die Sache zu bilden. Mit anderen Worten: Die Sozialwissenschaften haben es weithin mit Untersuchungsfeldern zu tun, zu denen die Primärerfahrung nicht nur einen Zugang, sondern nicht selten sogar einen privilegierten Zugang hat.

Natürlich gilt das keineswegs für alle sozialwissenschaftlichen Fragestellungen und Forschungsfelder in gleicher Weise. Insbesondere für makrostrukturelle Erhebungen und die daraus resultierenden Beschreibungen und Erklärungen gibt es nach der Natur der Sache kein Äquivalent im Bereich individueller Erfahrung. Im welchen Ausmaß das Bildungssystem einer Gesellschaft soziale Mobilität fördert oder behindert, darüber können wir aufgrund von Primärerfahrungen nichts Verlässliches aussagen. Aber selbst bei solchen Fragen sind die Impressionen eines nichtwissenschaftlichen Beobachters nicht irrelevant. Und für die Sozialwissenschaften insgesamt bleibt es charakteristisch, dass sie in vielen ihrer Aussagen mit reflektierter Primärerfahrung konkurrieren und sich gegen diese ausweisen müssen.

Die Sozialwissenschaften sehen sich deshalb immer der Frage gegenüber: Erfahren wir durch die Wissenschaft etwas, was wir nicht ohnehin schon wissen? Vielleicht sogar durch Primärerfahrung besser verstehen, als es der wissenschaftliche Beobachter verstehen kann? Das esoterische Sprechen ist eine Strategie des Umgangs mit dieser Konkurrenzsituation. Die sprachliche Verfremdung dessen, was man zu sagen hat, dient dem Nachweis, dass Wissenschaft etwas Anderes, Besonderes mitzuteilen hat. Je weniger das tatsächlich der Fall ist, desto wichtiger wird die sprachliche Verfremdung; keineswegs nur aus taktischen Gründen, sondern um des Selbstbewusstseins der Wissenschaft willen.

Die Feststellung, die Sozialwissenschaften bevorzugten zunehmend eine formalisierte Sprache zur Beschreibung und Erklärung sozialer Wirklichkeit, hat natürlich vor allem die Mathematisierung sozialwissenschaftlichen Sprechens im Blick. Andere sozialwissenschaftliche Fächer werden es darin nicht so weit bringen können wie die Wirtschaftswissenschaften. Aber auch in meinem eigenen, der Politikwissenschaft, gibt es inzwischen Zeitschriften – gerade die, die den Ton angeben –, in denen eine stark mathematisierte Politikwissenschaft prominent vertreten ist, zum Beispiel die American Political Science Review. Die Neigung, sich möglichst einer formalen Sprache zu bedienen, hat zur Folge, dass die Themenfelder in den Vordergrund rücken, die sich dafür eher anbieten als andere. Sie rücken in den Vordergrund, heißt das, nicht wegen der Bedeutung der Fragestellung oder des Untersuchungsgegenstandes, sondern weil sie besonders zugänglich für formale Behandlungsweisen sind. In meinem Fach sind Koalitionstheorien ein gutes Beispiel. Da lässt sich trefflich mathematisch, wenn auch oft ziemlich wirklichkeitsfern, operieren.

Dass die Mathematik auch für die Sozialwissenschaften etwas zu leisten vermag, steht außer Frage. Dass die Sozialwissenschaften sich gleichwohl nicht wirklich mathematisieren lassen, müsste näher begründet werden, so intuitiv plausibel Skepsis an diesem Punkt auch sein mag. Das kann hier nicht geschehen. Hier geht es nur um die These, dass die Neigung, die Mathematik zur Sprache der Sozialwissenschaften zu machen, sich weniger aus der Sache, also den sozialen Phänomenen, erklärt, als vielmehr aus einer Fixierung auf ein Wissenschaftsideal von großer Exklusivität. Genauer: aus der Überzeugung, die Sozialwissenschaften müssten richtige Wissenschaften erst noch werden, Wissenschaften nämlich, die strenge nomologische Erklärungen für das Geschehen in der sozialen Welt liefern.

Eine Wissenschaft aber, die ihre Aufgabe in der Entdeckung von Gesetzen sieht, welche ihr dann die Erklärungen für die Welt der Phänomene liefern – eine solche Wissenschaft tut gut daran, sich einer formalen Sprache zu bedienen. In der formalen Sprache der Mathematik gewinnen alle Aussagen eine Präzision, eine Transparenz, eine Stringenz, die anders nicht zu haben sind; ganz abgesehen davon, dass die Mathematik Verfahren zu exakten Bearbeitung von Daten zur Verfügung stellt. In einem Wort: Die Mathematik erscheint als die Sprache der Wahrheit. Und welche Wissenschaft möchte nicht die Sprache der Wahrheit sprechen?

Die Physik ist das große, geheime Vorbild – es geht letztlich um eine Physik der Gesellschaft. Und dieser Bezug macht es nur noch offensichtlicher, dass die Mathematik für diese Physik der Gesellschaft die angemessene Sprache ist. Das esoterische, nämlich hoch formalisierte Sprechen der Sozialwissenschaften wird hier zum Ausweis der Zugehörigkeit der Sozialwissenschaften zum exklusiven Kreis der eigentlichen Wissenschaften.

Die Neigung der Sozialwissenschaften, einen Grad an Gewissheit und Sicherheit für die eigenen Aussagen zu postulieren, der dem naturwissenschaftlicher Aussagen gleichkommt, begegnet uns übrigens nicht nur in den Versuchen der Sozialwissenschaften, mit der formalen Sprache der Mathematik zu operieren. Diese Neigung prägt oft auch die verbale Sprache vor allem empirisch arbeitender Sozialwissenschaftler. Sie präsentieren die Deutung ihrer Befunde gern als Fakten; Fakten von der gleichen Verlässlichkeit, der gleichen Eindeutigkeit wie sie, sagen wir, die meteorologische Mitteilung auszeichnen, da und da sei zu einer bestimmten Zeit pro Quadratmeter so und so viel Niederschlag gefallen.

Es wäre einen eigenen Vortrag wert, diese sehr problematische Redeweise näher zu untersuchen und zu kritisieren. Ich muss mich auf die Bemerkung im Vorübergehen beschränken, dass Aussagen wie die, in Deutschland gebe es ein Rechtsextremismuspotential von 15%; oder in Deutschland würden doppelt verdienende Paare steuerlich benachteiligt – so jüngst die OECD – eben keine einfachen Feststellungen von Fakten sind. Bewertet werden können solche Aussagen nur, wenn die Annahmen offengelegt werden, auf die sie gegründet sind. Das aber geschieht häufig nicht. So, wie sie vorgetragen werden, geben sie sich den Anschein schlichter Beschreibung der Realität.

Ich habe, als wir die Suche nach einer Erklärung für die problematische Neigung der Sozialwissenschaften, esoterisch zu sprechen, antraten, noch ein drittes Stichwort genannt: Wissenschaftsautismus.

Wissenschaftsautismus ist ein Phänomen, das inzwischen, wenn auch nicht mit diesem Begriff benannt, für die Wirtschaftswissenschaften und in den Wirtschaftswissenschaften lebhaft diskutiert wird. Die Kategorie ist sicher nicht auf alle Wissenschaften in gleicher Weise anwendbar; aber doch jedenfalls auf die, deren Erkenntnisse für eine außerhalb ihrer selbst liegende Praxis konstitutive Bedeutung haben.

Der Begriff meint ein Verständnis von Wissenschaft, das Wissenschaft ganz und gar auf sich selbst bezieht, gewissermaßen zu einem vollkommen autarken System macht – vom Geld, das man braucht, natürlich abgesehen. Etwas anders formuliert: Autistische Wissenschaft ist Wissenschaft, die sich die Welt, die sie beschreibt und erklärt, selbst errichtet; die in diesem strengen Sinn selbstbezüglich ist. Selbstbezügliche Wissenschaft spricht selbstverständlich esoterisch. Das ist eines ihrer wesentlichen Charakteristika. Die esoterische

Sprache ist hier das maßgebliche Zeichen der Zugehörigkeit zu einen Orden der Wissenden. Sie dient also als Medium der Inklusion und der Exklusion.

Ralf Dahrendorf hat kurz vor seinem Tode gesprächsweise Niklas Luhmann als einen Wissenschaftler charakterisiert, der eine Sprache erfunden habe, in der man alles ausdrücken könne. „Aber man kann es auch lassen", fügte Dahrendorf hinzu, „der Erkenntnisgewinn ist ziemlich gering" (zitiert nach der Frankfurter Allgemeinen Zeitung vom 4. August 2008). In meinen Worten: Hier haben wir es mit einem Fall von Selbstbezüglichkeit in den Gesellschaftswissenschaften zu tun, in dem die esoterische Sprache und die Gesellschaftstheorie, die in dieser Sprache formuliert wird, identisch geworden sind.

Wie kommt es dazu, dass Wissenschaft nur noch zu sich selbst spricht? Alle Relevanzkriterien, an denen sie sich orientiert, nur noch in sich selbst sucht und dort auch findet? Ich kann nur eine Vermutung als Antwort anbieten, eine Vermutung, die mindestens eine von mehreren möglichen Ursachen benennt. Man kann Wissenschaftsautismus vielleicht als eine Art von Überprofessionalisierung verstehen. Und man könnte im zweiten Schritt eine Übersteigerung des kompetitiven Charakters der Wissenschaft, des Wettbewerbs um Reputation und Einfluss in der Wissenschaft als möglichen auslösenden Impuls für die Tendenz zur Überprofessionalisierung annehmen. Wissenschaftsautismus also als eine Art Wettbewerbspathologie. Man begegnet dem kompetitiven Druck mit der Demonstration einer exklusiven Professionalität, einer Professionalität, heißt das, die mit den Mitteln der Sprache unüberquerbare Grenzen zwischen innen und außen zieht und den, der sie sprachlich zu ziehen vermag, als Teilhaber am Arcanum ausweist. Wenn ein solcher Prozess einmal in Gang kommt, wird daraus sehr schnell ein sich selbst verstärkender Regelungskreislauf, der sich dann eine ganze Disziplin unterwirft.

V. Ich schlage am Ende meiner Argumentationsskizze noch einmal einen Bogen zurück zu einer Frage, die am Anfang stand. Die Sozialwissenschaften sprechen in allen Sprachen, in denen Sozialwissenschaftler sprechen und schreiben. Meint der Titel „Die Sprachlosigkeit der Sozialwissenschaften" sie alle?

Ja und nein. Ja, insofern die vorgetragenen kritischen Beobachtungen in wesentlichen Hinsichten tatsächlich die Sozialwissenschaften als Sozialwissenschaften betreffen, unabhängig davon, in welcher Sprache sie sich artikulieren. Selbst wenn die Sozialwissenschaften, was ihnen nicht gut tun kann, den Weg der Naturwissenschaften gehen und sich nur noch in einer Sprache, dem Englischen, artikulieren, gäbe es Anlass, die problematische Neigung zum esoterischen Sprechen zum Thema zu machen.

Nein, insofern ich hauptsächlich die deutsch schreibenden Sozialwissenschaftler im Visier habe. Implizit habe ich damit auch die Annahme eingeführt, dass in den deutschsprachigen Sozialwissenschaften die Neigung zum esoterischen Sprechen besonders ausgeprägt sei. Erklären ließe sich das, von möglichen allgemeinen Besonderheiten der deutschen Wissenschaftssprache abgesehen, damit, dass die Sozialwissenschaften im deutschen Wissenschaftssystem, im intellektuellen Kosmos Deutschlands überhaupt bei weitem nicht so prominent und gesichert dastehen wie beispielsweise in der angelsächsischen Welt. Es könnte also ein untergründiges Gefühl der Schwäche, der Unsicherheit, des Nicht-Ernst-Genommen-Werdens sein, das die Sozialwissenschaften veranlasst, ihren Rang als Wissenschaften besonders zu betonen, gerade auch in ihrer Redeweise.

Woraus folgt, dass gelassenes Selbstbewusstsein einer Wissenschaft hilft, die esoterische Sprache durch eine der Öffentlichkeit zugewandte zu ersetzen, wo immer das möglich ist.

Ich habe für meinen Beitrag auf alle Nachweise und Anmerkungen bewusst verzichtet, zum einen, um ganz deutlich zu machen, dass ich Wahrnehmungen und Wertungen vortrage, die durchaus subjektiver Natur sind; zum anderen, weil es mir in der Sache unmöglich war, den üblichen wissenschaftlichen Apparat mitzuliefern. Nachweise, nämlich Textbeispiele, hätten meine Wahrnehmungen allenfalls illustrieren, aber nicht wirklich „belegen" können. Genau genommen kann ich nur auf vier Jahrzehnte des Lesens und Zuhörens verweisen, die ich als Politikwissenschaftler inzwischen hinter mir habe. Und dieser „Nachweis" versteht sich von selbst. Meine Erklärungsversuche mitsamt den Wertungen, die sich in ihnen artikulieren, müssten sich mit anderen kritischen Reflexionen über die Sprache der Sozialwissenschaften auseinandersetzen – wenn es sie denn gäbe. Mir sind solche Reflexionen – außer als gelegentliche Aphorismen – nicht bekannt.

Hans Mohr

Die Sprachen der Biologie

Biologie ist die Wissenschaft von den Lebewesen. Ähnlich wie die Physik ist auch die Biologie eine globale Wissenschaft, zumindest in dem Sinn, dass alle Menschen ihre Ergebnisse nutzen; auch dann, wenn sie an den Inhalten der Wissenschaft nicht interessiert sind.

Die Biologie mit ihren vielen Teildisziplinen bis hin zu Medizin und Agrikultur – der Überbegriff ist life sciences -, spricht natürlich nicht mit einer Zunge. Die sprachliche Vielfalt ist auch für den Fachmann irritierend. Allerdings zeichnen sich Entwicklungen ab, die auf sprachliche Vereinheitlichung und auf die Reduktion semantischer Unbestimmtheit abzielen: (1) Die Bedeutung der Nationalsprachen für die Sciences nimmt auch in der Biologie rapide ab; dies gilt besonders für das Französische und Deutsche, die als internationale Wissenschaftssprachen auch für unser Fach ausgedient haben. Eine Kunstsprache, die sich aus der englischen Sprache entwickelt hat und die wir „English two" nennen, hat sich hingegen weltweit ausgebreitet. „English two" ist inzwischen zur globalen Sprache der Sciences und der Technologien geworden, und demgemäß in einer entsprechenden Variante auch zur Sprache der life sciences. English II dominiert in der Sprache der Publikationen ebenso wie in den Labor- und Kongresssprachen. Die meisten der weltweit geschriebenen biologischen Texte werden auf English II verfasst und in keine andere Sprache übersetzt. In den international besetzten Laboratorien meines Faches kommuniziert man selbstverständlich auf „English two". Unsere ausländischen Doktoranden und post-docs wollen in der Regel ja nicht Deutsch lernen, sondern den experimentellen und theoretischen Umgang mit Biologie und den assoziierten life sciences. Und dafür braucht man keine Kenntnis der Umgebungssprache, sondern eine Beherrschung von „English two". (2) Die Bedeutung formaler Sprachen, vor allem der mathematischen Kunstsprache, nimmt auch in der Biologie rasch zu, aus guten Gründen. Es ist natürlich für die Sicherheit der Aussage von Vorteil, wenn man Aussagen in mathematischer Form machen kann, z. B. $N_t = N_o \cdot e^{kt}$ sagen kann, statt das exponentielle Wachstum eines Systems mühsam und umständlich in einer natürlichen Sprache zu erläutern. Die dynamischen Prozesse der Populationsgenetik lassen sich nur über mathematische Modelle angemessen darstellen. Historisch ging man von sog. Idealen Populationen aus, deren genetisches Verhalten über das Hardy-Weinberg-Gesetz mathematisch beschreibbar ist. Heute ist die Populationsgenetik mit ihrer formalen Sprache eine selbstverständliche Grundlage der Evolutionstheorie und der Humangenetik. (3) Die Sprache der Physik oder der Physikalischen Chemie gewinnt in den life sciences, besonders bei der Darstellung systembiologischer Sachverhalte, weiter an Zustimmung. Wir könnten zum Beispiel in der Systembiologie oder in der Medizin über grundlegend wichtige Konzepte wie *Homoeostasis* oder *steady state* gar nicht ernsthaft sprechen, wenn uns das sprachliche Fundament der Physikalischen Chemie nicht zu Gebote stünde. (4) Die Sprache der Informationstheorie mit ihren logischen Modulen hat die molekulare Biologie und die Genomik ermöglicht, aber auch den Zugang eröffnet zu einer ernsthaften Theorie der natürlichen und der anthropogenen Ökosysteme. (5) Leisten wir uns noch einen kurzen Blick auf die *Bildersprache*. Metaphorik, das Reden in Bildern und Gleichnissen, war seit jeher an der Popularisierung der sciences beteiligt, aber man betrachtete Bilder in der Regel als bloße Illustration des abstrakten Diskurses, in dem die Wissenschaft eigentlich stattfindet. Denken Sie an die bunt gefärbten Galaxien, an die als Symbol gerühmte Doppelhelix, an das Schweinegrippevirus als kolorierte Negativaufnahme oder an einen Nanoroboter auf der Reise durch die Blutbahn. Aber neuerdings hat sich im Gefolge des Computers das Bild als *epistemisches Instrument* in den Wissenschaften etabliert. Es geht um die bildliche Darstellung komplexer Zustände oder Prozesse, die nicht in diskursiver Sprache beschrieben und auch nicht berechnet werden können. Als Beispiele, die mich vor Jahren schon beeindruckt haben, nenne ich die Visualisierung der Verdichtungsvorgänge in einem Otto-Motor oder die bildliche Darstellung von Gedanken. Es ist verständlich, dass die „Einwanderung des Bildes in den Kern harter Wissenschaft", sein Gebrauch als epistemisches Instrument, derzeit viele Forscher fasziniert – und gelegentlich irritiert.

Dies waren einige Bruchstücke aus dem Erfahrungsfundus eines Biologen. Vor diesem Hintergrund werden vielleicht die Schwierigkeiten eher verständlich, die dem Biologen beim Dialog mit der Öffentlichkeit und mit der Politik zu schaffen machen:– Die meisten Menschen haben keinen Zugang zu den Methoden und Inhalten der modernen Biologie, obgleich sie tagtäglich von den Früchten dieser Wissenschaft leben, am Frühstückstisch ebenso wie in der Notaufnahme. Ist die Sprachbarriere zu hoch? In welcher Sprache kann ich mit dem Bürger einen rationalen Dialog über Systembiologie, Molekularmedizin oder moderne Agrikultur führen? Wo finden wir die kompetenten Generalisten und die angemessene Sprache? Ist es ratsam, und können wir es verantworten, dass dieser Dialog in der Umgebungssprache oder in der Sprache der Journalisten geführt wird? – Die meisten Menschen – so lautet die Erfahrung – möchten bei strittigen Themen aus der Medizin oder der Biotechnologie oder bei

Themen wie Evolution oder Evolutionäre Ethik mitreden und ernst genommen werden – und wir können und wollen uns diesem Gespräch nicht entziehen, aber auf welche Sprache und auf welchen Wissensfundus kann sich der Biologe bei diesem Dialog mit dem Bürger oder mit einem Abgeordneten stützen – oder beim Streitgespräch mit einem Umweltminister, der von seiner Ausbildung her Philologe ist? Bei einer Umfrage vor ein paar Jahren im Großraum Stuttgart zum Thema Gentechnik hatte nur jeder 16. Bürger ein adäquates Basiswissen in Sachen Genetik, aber fast alle der Befragten wollten bei den strittigen Themen aus dem Sektor Gentechnik mitreden und gegebenenfalls mitentscheiden.

Die Biologie hat es – anders als die Physik – im offentlichen Disput besonders schwer, weil fast jeder Bürger sich betroffen und zur Stellungnahme herausgefordert fühlt, anderseits aber kaum jemand die Sprachen und die Inhalte unserer Disziplin versteht. Die Frage ist, ob dieses Dilemma konstitutiv ist für die moderne Welt – und man es eben hinnehmen muss – oder ob man mit Hoffnung auf Erfolg neue Wege der Verständigung suchen soll, indem man z. B. English II verstärkt und konsequent zur Schulsprache macht und damit dem mündigen Bürger eine Chance bietet, die von Internet, Technologie und globaler Ökonomie geprägte moderne Welt wenigstens in ihren *sprachlichen* Grundzügen zu verstehen. Die meisten unserer Mitbürger können diesem Vorschlag derzeit nicht viel abgewinnen – wie ich mir habe sagen lassen. Sollten wir deshalb eher darauf setzen, über die wissenschaftliche Ausbildung von Fachjournalisten die Sprache der Feuilletons den Binnensprachen der „hard sciences" und der lebensnahen Technologien anzupassen? Oder müssen wir einsehen, dass wir mit einer Verbesserung der Sprache kaum etwas erreichen werden, weil die meisten unserer Mitbürger uns gar nicht zuhören, wenn es um die angemessene Vermittlung wissenschaftlicher Erkenntnis geht. Wir dürfen uns hier nichts vormachen: Die meisten Menschen wollen gar nicht wissen, was DNA ist oder ein Protein, oder was ein Enzym ausmacht. Das „Tor der Woche" in der Sportschau ist den meisten Menschen anscheinend wichtiger als das „Ergebnis der Woche" auf der Wissenschaftsseite der FAZ oder der Bericht über eine richtungsweisende Entdeckung im Large Hadron Collider. Was können wir tun? Einer meiner journalistisch erfahrenen englischen Kollegen empfahl uns kürzlich in einem fulminanten Editorial in Nature: „Instead of dumbing down the sciences to the level of the general public, we should be trying to educate the public". Als Postulat ok! Aber wie? In welcher Sprache und mit welchen Medien? Wie etablieren wir im Umgang mit der Öffentlichkeit eine reziproke Kultur des Sprechens und des Zuhörens? Was das Gespräch mit der *Politik* und die *dafür* angemessene Sprache angeht, habe ich meine Lebenserfahrungen dahin zusammengefasst, über eine Verfassungsänderung die Position eines Chief Science Advisers im Bundeskanzleramt zu schaffen. Hätten wir in den letzten 10 Jahren einen Chief Science Adviser am Kabinettstisch gehabt – und die Scientific Community hätte vermutlich den Richtigen gewählt – wären die politischen Entscheidungen in den Fragen der demographischen Falle, der Gentechnik, der regenerativen Energien oder der Kernenergie, aber auch bei der Kardinalfrage Finanzwirtschaft versus Realwirtschaft anders ausgefallen. Und wir könnten heute gelassener in die Zukunft blicken. Natürlich sollen Professoren keine Politik machen, – das respice finem ist und bleibt in einer Demokratie Sache der Entscheidungsträger – aber das Sachwissen der modernen Sciences *muss* in einer geeigneten Sprache und über ein verbindliches Verfahren in die politische Entscheidungsfindung einfließen. Sonst haben wir keine Chance, die Zukunft zu meistern. Gegen das gesicherte Wissen der harten Wissenschaften kann man nun einmal in der modernen Welt keine gute Politik machen.

Literatur

Hans Mohr, Wissen und Demokratie, 2006.
Heinz-Ulrich Nennen/Detlef Garbe (Hrsg.), Das Expertendilemma, 1996.

Josef Honerkamp

Die Sprache der Physik

Die Sprache der Physik ist die Mathematik. Diese Aussage findet man in allen einschlägigen Abhandlungen über Physik und die Studierenden der Physik müssen es – oft unter großen Mühen – akzeptieren. Diese Tatsache hat sich nicht erst im Laufe der Geschichte heraus kristallisiert, sie war konstituierend bei der Geburt der Physik, der ersten Naturwissenschaft. Galilei war es, der als erster entdeckte, dass Strukturen und Regelmäßigkeiten in der Natur in dieser Sprache zu fassen sind, und am 7. Mai 1610 schrieb er an einen toskanischen Staatssekretär:[1]

> *Daher erlaube ich mir, das eine neue Wissenschaft zu nennen, die von ihren Grundlagen angefangen von mir entdeckt worden ist.*

Das Neue an dieser Wissenschaft war: Die Berufung auf das Experiment *und* die Nutzung der Mathematik in der Beschreibung und Deutung.

Das war damals eine Revolution. Diese Art zu denken und zu forschen hat in der Tat die heutige säkularisierte und technisierte Welt, die so genannte westliche Welt hervor gebracht. Galilei wusste sehr gut, dass das so unerhört neu war und ahnte wohl auch, wie weittragend das sein könnte. Das Neue, das er in die Welt brachte, war wirklich ein großer Schritt für die Menschheit.

Nun wird man als Außenstehender dieses alles zwar registrieren, aber im Grund nicht ermessen können, was das eigentlich bedeutet. Ich will deshalb versuchen, die Rolle der Mathematik in der Physik ein wenig zu beleuchten.

In der Geschichte der Physik haben die Menschen zunächst das nahe liegende untersucht. Das war zu aller erst die Bewegung, es galt ihre Relativität zu entdecken, wie auch zu verstehen, unter welchen Umständen Bewegung verändert werden kann. Galilei legte die Grundlagen, und Newton fand ein Konzept für die Aufstellung mathematischer Gleichungen für die Bewegung materieller Körper, nachdem er auch noch die angemessenen mathematischen Methoden für die Behandlung solcher Gleichungen, die Differentialrechnung, entwickelt hatte.

Newtons Leistung hatte auf seine Zeitgenossen größten Eindruck gemacht. Man erkannte, dass die Menschheit nun in die Lage war, Vorgänge am Himmel

---

[1] Albrecht Fölsing, Galileo Galilei – Prozess ohne Ende, 1989.

und auf der Erde – mit den gleichen Methoden und auf der Basis gleicher Gesetze – verlässlich zu berechnen. Die Kraft der Mathematik, Regelmäßigkeiten in der Natur in Gesetze zu fassen, mit denen man quantitative Voraussagen machen kann, die dann durch Beobachtung oder durch ein Experiment genau überprüfbar sind, zeigte sich hier zu ersten Male ganz deutlich. Man wusste nun, wie man Hypothesen klar formulieren konnte, so dass sie auch „Spitz auf Knopf" nachprüfbar wurden.

Newtons Prinzip war so überzeugend, die Fähigkeit, die Bewegung in mathematisch exakter Weise zu berechnen, war so beeindruckend und die Anwendung auf viele Probleme war so erfolgreich, dass man bald glaubte, alle Naturvorgänge in dieser Art verstehen und berechnen zu können. Die ganze Welt schien nun aus Körpern und deren Wirkung auf einander durch Kräfte zu bestehen. Diese Einstellung zur Wissenschaft über die materielle Welt wurde später als Mechanisierung des Weltbildes bezeichnet.[2]

Im Nachhinein wissen wir, wie voreilig das war und heute ist man in der Beziehung vorsichtiger. Wer aber einmal selbst erlebt hat, wie mathematische Berechnungen mit Beobachtungen der Astronomie – nach jeweils großem Aufwand – schließlich zu einer Übereinstimmung kommen, dann kann man die Euphorie der damaligen Wissenschaftler verstehen. Wenn man bedenkt, wie gut man bald das Erscheinen von Kometen und Finsternisse von Sonne und Mond und die Bahnen auch entferntester Planeten vorhersagen konnte, dann kann man das Vertrauen in die Macht mathematisch formulierter Gesetze nachempfinden.

Schon hier sieht man also, wie die mathematische Sprache die Physik zu einer exakten Wissenschaft macht. In dieser Sprache formulierte Hypothesen wurden zum Ideal einer exakten Wissenschaft: Die Konsequenzen aus dieser Hypothese bis hin zu experimentell überprüfbaren Aussagen können eben in Form logischer Schlüsse gefolgert werden. Man ist nicht der Mehrdeutigkeit von Worten ausgeliefert und unterschiedliche Vorverständnisse können bei der Rezeption solcher Untersuchungen nicht zum Tragen kommen.

Aber es gab noch andere Phänomene am Himmel und auf Erden, die es zu verstehen galt, z.B. Blitz und Donner. Die Theorien der Elektrostatik und Magnetostatik brachten eine erste Ordnung und Übersicht in die zunächst sehr verwirrend und wenig reproduzierbar erscheinenden elektrischen und magnetischen Phänomene, sie waren aber noch ganz Theorien im Sinne von Newton, gingen also von Kräften aus, die ohne Zeitverzug in die Ferne wirken konnten. Der schottische Physiker und Mathematiker James Clerk Maxwell konnte schließlich, nachdem er den Begriff des Feldes von Faraday übernommen und weiter entwickelt hatte, einen Satz von Gleichungen formulieren, mit denen

---

[2] Eduard Jan Dijksterhuis, Die Mechanisierung des Weltbildes, 1956.

man alle bisher bekannten elektrischen und magnetischen Phänomene verstehen konnte.

Wieder hatte man – hier nun mit den Maxwellschen Gleichungen – eine physikalische Theorie in Form von mathematischen Grundgleichungen entwickelt, mit denen man Erscheinungen in der Natur, nun ganz anderer Art, mathematisch exakt berechnen und vorhersagen konnte. Mit der Newtonschen Theorie waren es alle Formen von Bewegungen beliebiger Objekte, in der Maxwellschen Theorie war es alles, was mit elektrischen oder magnetischen Phänomenen in Verbindung zu bringen war.

Unsere physikalischen Theorien – auch die später formulierten wie die Quantenmechanik und die Allgemeine Relativitätstheorie – sind also in der mathematischen Sprache definiert und alle Folgerungen aus den Grundgleichungen werden natürlich auch in dieser Sprache gezogen.

Bei der Konstruktion seiner Gleichungen tat Maxwell aber auch etwas, womit sich eine weitere Funktion der Mathematik ankündigte, die in Zukunft immer bedeutender werden sollte. Er ließ sich durch mathematische Strukturen leiten, neue Gesetze der Natur zu postulieren, also Zusammenhänge zu vermuten, auf die man experimentell noch gar nicht aufmerksam geworden war. Er entdeckte den so genannten Verschiebungsstrom. Erst durch ihn werden elektrische und magnetische Felder in einem gewissen Sinne gleichartig, und nicht nur das: Maxwell sagte auch ganz neue Phänomene voraus, die man bisher noch gar nie beobachtet hatte: Seine Theorie sagte voraus, dass es so etwas wie elektromagnetische Wellen geben muss und dass das Licht auch aus solchen Schwingungen bestehen würde.

Hier wurde so zum ersten Male die Mathematik nicht nur als Sprache für eine exakte Fassung und Zusammenfassung von Gesetzen der Natur benutzt, sondern auch als Führer zu neuen Einsichten in die Natur. Diese Art von Führung durch die Sprache der Mathematik sollte bei der weiteren Erforschung der Natur immer wichtiger werden.

Die Themen der Physik in der klassischen Zeit waren die Bewegung, die elektromagnetischen Erscheinungen und auch die Wärme. Bei diesen Themen ging es immer um die Dinge, die man von der Anschauung her kennt und mit denen man persönliche Erfahrungen machen kann. Auch wenn man Planeten nicht anfassen kann, die Aussage, dass deren Bahnen Ellipsen sind, kann man sich gut vorstellen, weil wir eine Ellipse oft gesehen haben, ja sie sogar zeichnen können. Alle Bilder, die wir uns von den Dingen machen, enthalten Objekte oder Prozesse, die wir aus dem Alltag in irgendeiner Form kennen. Nur so scheinen wir etwas zu verstehen, eben nur dann, wenn wir es auf etwas Bekanntes zurückführen können.

Wenn wir heute die Welt der Dinge einteilen in eine Welt der größten Dimensionen, in der es Galaxien und eine gekrümmte Raumzeit gibt, in eine Welt der kleinsten Dimensionen – der Welt der Atome und deren Bausteine – und schließlich in eine Welt der mittleren Dimension, in der wir Menschen leben und agieren, dann sind es also die Phänomene der Welt der mittleren Dimension, die in der klassischen Zeit der Physik erforscht wurden. Alle unsere Bilder und Vorstellungen stammen aus dieser Welt der mittleren Dimension.

Ende des 19. Jahrhunderts wurde die heile Welt der klassischen Physik in Frage gestellt. Man entdeckte immer mehr Phänomene aus der Welt der kleinsten Dimension, auf die man sich mit den Kenntnissen und Vorstellungen aus der Welt der mittleren Dimension keinen Reim machen konnte. Woraus besteht die Flüssigkeit, die den elektrischen Strom verursacht? Gibt es Atome, wenn, ja, wie sehen sie aus, wie sind sie aufgebaut?

Bei diesem Eintreten der Physiker in die Welt der kleinsten Dimension mussten sie mühsam lernen, dass ihre Vorstellungen und Bilder der mittleren Dimension, zwar geschärft durch die klassische Physik und präzisiert durch die mathematische Sprache, nicht mehr unbedingt taugen. Verständnis, so weit es die Anknüpfung an bekannte Dinge bedeutet, konnte nicht mehr gewonnen werden. Aber: Die Führung durch die Mathematik funktionierte weiter. Abstrakte mathematische Objekte reichen eben weiter als alltägliche Vorstellungen.

Mathematik ist ja die Art, mit der unser Denkorgan Strukturen erdenkt oder analysiert. Die evolutionäre Entwicklung hat wohl dafür gesorgt, dass diese denkbaren Strukturen den Strukturen der Welt entsprechen. Und offensichtlich haben die Menschen sich, indem sie zunächst die Welt ihrer, der mittleren Dimension mit Hilfe der Mathematik verstehen lernten, einen Schlüssel erarbeitet, der ihnen auch die anderen Welten aufschließt.

Die Führung durch die Mathematik kann bei der Geburt einer Theorie eine bedeutende Rolle spielen, wird aber besonders deutlich bei der Ausarbeitung einer Theorie, d. h. in der Untersuchung dessen, was denn aus den Grundannahmen und Hypothesen einer gegebenen Theorie folgt. In der Geschichte der Physik kam es immer wieder vor, dass die Gesetze der Mathematik zu Aussagen führten, die im Hinblick auf ihre Bedeutung im physikalischen Kontext überraschend waren und zu großen Diskussionen Anlass gaben.

So war es z. B., als Max Planck im Jahre 1900 bei der Begründung der Formel für die Energie der emittierten Strahlung eines so genannten schwarzen Körpers in Abhängigkeit von der Frequenz der Strahlung zu der Annahme getrieben wurde, dass die Energie der schwingenden Objekte, die die Strahlung aussenden, nur ein ganzzahliges Vielfaches eines Energiequants $h\nu$ sein konnte, wobei ν für die Schwingungsfrequenz steht und die Konstante h sich später als eine Naturkonstante erwies, die die gesamte Quantphysik beherrscht. Es stellte sich also heraus, dass aus den Prinzipien der für das Phänomen zuständigen Theorien, nämlich Thermodynamik und Elektrodynamik, die Formel, die

die experimentellen Ergebnisse sehr gut wieder gab, nur dann mathematisch herzuleiten war, wenn man eine neue fundamentale Eigenschaft der Natur einführte. Die mathematische Sprache führte zu neuen Einsichten in die Natur. Besser kann man nicht sehen, wie in Galileis Wissenschaft das Experiment und die Mathematik zusammen wirken.

Bei der weiteren Entwicklung der Quantenphysik sollte die Mathematik noch oft die Führung übernehmen, und zwar sogar in zweierlei Hinsicht. Zum einen bleibt sie die einzige Sprache, in der man noch verlässlich Schlüsse ziehen kann. Denn mit dem Eindringen der Forschung in die Welt der kleinsten Dimension entstand ein in gewissem Sinne unheimlicher Wandel. Werner Heisenberg hat das so formuliert:[3]

Mit dem Vordringen in Bereiche der Natur, die unseren Sinnen nicht mehr unmittelbar zugänglich sind, beginnt auch unsere Sprache an einigen Stellen zu versagen.

Er meinte damit unsere Alltagssprache, entstanden im Umgang mit der Welt der mittleren Dimension. Anschaulichkeit wurde nun ein Glücksfall. Bilder, durch Erfahrungen in der Welt mittlerer Dimensionen gewonnen, trugen nicht mehr, und für Plausibilitätsbetrachtungen, wie sie in der klassischen Physik auf der Basis der Anschauung noch oft möglich waren, fehlten nun angemessene Bilder. Man musste jetzt erst „rechnen", um zu sehen, was in einer neuen physikalischen Situation passiert.

Zum anderen führte die mathematische Sprache zu völlig neuen physikalischen Begriffen. Ein besonders spektakulärer Begriff, der heute auch in einem sehr aktuellen Forschungsgebiet, in der Quanteninformatik, eine zentrale Rolle spielt, ist der Begriff des „verschränkten Zustandes".[4] Die Quantenmechanik, deren grundsätzlicher Ausgangspunkt von Erwin Schrödinger im Januar 1926 gefunden wurde, und die heute verlässliche Grundlage ist für Berechnungen aller Quantenphänomene unter und auch in der Sonne, postuliert die Existenz solcher Zustände. Schon Schrödinger hat das gesehen und er führte auch den Begriff „verschränkt" dafür ein. Quantenobjekte, die sich in einem solchen verschränkten Zustand befinden, haben experimentell nachweislich Eigenschaften, die man an klassischen Objekten nie entdecken kann und die aller Erfahrung bisher fremd sind. Grundsätzliche Fragen über den Begriff der Realität in der Welt kleinster Dimensionen wurden dadurch aufgeworfen und man lernte, dass man die „wahre Natur" der Natur erst auf der Ebene der Atome und Quanten kennen lernt und dass sich die Gesetzmäßigkeiten für makroskopische

---

[3] Werner Heisenberg, Sprache und Wirklichkeit in der modernen Physik, in: Sprache und Wirklichkeit, 1967.
[4] Jürgen Audretsch, Verschränkte Welt – Faszination der Quanten, 2002.

Objekte und Phänomene in der Welt mittlerer Dimension erst in einem bestimmten Sinne als Mittelwert ergeben.

Die Mathematik ist somit nicht nur die Sprache, in der allein noch verlässlich argumentiert werden kann, man wird in dieser Sprache auch auf ungeahnte neue Begriffe und Strukturen gestoßen. Sie befreit uns aus der Enge der Welt der mittleren Dimension, und lässt uns die Natur in allen Dimensionen verstehen und beherrschen.

Nun kann man die Dinge dieser Welt aber nicht nur nach der Größe ordnen sondern auch nach der Komplexität. Ein Gas besteht aus vielen Atomen oder Molekülen und erscheint uns deshalb viel komplexer als ein einzelnes Atom, ein Elektron – oder als ein Planet, wenn wir diesen nur als Ganzen auf seiner Bahn um die Sonne betrachten. In der Tat sind an einem Gas sehr viel mehr Phänomene zu beobachten als bei einem Elektron. Ein Gas kann zu einer Flüssigkeit kondensieren, diese wiederum kann gefrieren usw., feste Körper können verschiedene Kristallstrukturen annehmen. Es ist offensichtlich das Zusammenspiel der großen Menge der Bausteine, die diese komplexen Eigenschaften erzeugt, und die Natur baut mit komplexen Systemen als Bausteinen noch komplexere Systeme mit noch interessanteren Eigenschaften und Funktionen auf, z. B. Zellen und Organe in unseren Körper.

Je komplexer die Systeme werden, umso mehr steht natürlich zunächst eine qualitative Beschreibung und Sammlung von Eigenschaften, Funktionen und möglichen Dysfunktionen im Vordergrund. Aber auch hier ist die Mathematik im Vormarsch. Im Rahmen der Biosystemanalyse, ein heute sehr aktuelles und stark gefördertes Forschungsgebiet, versucht man, mit Hilfe mathematischer Modelle Vorgänge in der Zelle zu verstehen und quantitativ zu beschreiben. Wie weit die Mathematik in Zukunft eine Rolle in der Analyse biologischer und lebender komplexer Systeme spielen kann, sei hier dahin gestellt. Tatsache ist, dass für „einfache" komplexe Systeme wie für Gase, Flüssigkeiten und Festkörper, also für Dinge der physikalischen Welt, die Mathematik auch die Sprache ist, in der man das Verhalten genau beschreiben und vorhersagen kann. Insbesondere kann man hier ein Phänomen verstehen und in allen Einzelheiten verfolgen, das die Menschen seit Urzeiten verblüfft und zu großen Spekulationen veranlasst hat: das Phänomen der Emergenz, das Auftauchen ganz neuer Eigenschaften und Funktionen bei einem komplexen System.[5] Eine Gesellschaft entwickelt ganz andere Verhaltensformen als einzelne Individuen, ein Gehirn kann denken und Bewusstsein entfalten, während Synapsen nur feuern können oder nicht, Proteinmoleküle können verschiedene Gestalten annehmen, in ganz anderer Weise als die Atome, aus denen es zusammen gesetzt ist, Wasser kann sieden oder gefrieren, obwohl es nur aus einzelnen H_2O-

---

[5] Steven Johnson, Emergence, 2001.

Molekülen besteht, für die eine Vorstellung von einem Sieden oder einem Gefrieren keinen Sinn ergibt.

Ein solches Auftauchen ganz neuer Fähigkeiten kann man im Rahmen der Statistischen Physik für die physikalischen komplexen Systeme verstehen und in quantitativer Form erklären, man kann genau berechnen, wie diese neuen, emergenten Verhaltensformen von den Eigenschaften der Bausteine – insbesondere von den Kräften, die sie auf einander ausüben – abhängen.

Auch komplexe Phänomene werden also in der mathematischen Sprache zugänglich. Es ist in der Tat hoch interessant zu sehen, wie die Mathematisierung der Naturwissenschaften, die sich mit den komplexen Systemen beschäftigen, weiter fort schreitet.

Was bedeutet das alles denn nun für das Thema dieses Symposiums, für die Begegnung von Wissenschaft und Gesellschaft in der Sprache. Offensichtlich müssen die Physiker da einen weiten Weg bei der Übersetzung aus ihrer Sprache in die Alltagssprache gehen. Der so genannte gebildete Bürger kennt ja keine Differentialgleichungen und keine Zufallsvariablen. Dennoch gehen die Physiker diesen Weg oft, die Hörsäle bei solchen Gelegenheiten sind voll, das Angebot an allgemein verständlich sein wollender Literatur über den Urknall und andere spektakuläre Dinge ist groß. Wie viel dabei aber überkommt, ist unklar. Ich glaube, für die Relativitätstheorien und die Quantenphysik gilt in abgewandelter Form das, was Albert Einstein über sich selbst in einem Interview der New York Times gesagt haben soll: „Niemand versteht mich, aber alle mögen mich."

Insofern haben es die Physiker leichter als die Biologen. Wenn es ums Leben geht, um Gene, um Bewusstsein und um freien Willen, da will jeder – so zu sagen in „eigener Sache" – unbedingt mitreden. Das Ganze, die Welt der kleinsten und der größten Dimensionen darf dagegen wohl ein wenig unverständlich bleiben, wenn es dafür groß und erhaben ist.

Nun, mit einer solchen Situation darf man sich aber nicht zufrieden geben. Eine Wissenschaft, die solch einen Einfluss auf unsere Weltanschauung hat, die unser Denken auf die Dauer mehr und mehr bestimmt, und die – durch die dabei neu entstehenden Technologien – unsere Art zu leben ständig so durchgreifend verändert, ja auch gefährden kann, sollte in einer genügend großen Bildungselite verstanden und angemessen beurteilt werden können. Davon sind wir aber noch weit entfernt. Das gilt für die Physik wie für die Biologie und andere Naturwissenschaften.

Ich werde mich hüten, jetzt irgendwelche klugen Ratschläge für eine Verbesserung der Situation geben zu wollen, auch wenn man das vielleicht einem Theoretiker verzeihen würde. Denken wir praktisch: Begegnen wir dem Problem durch die Tat. Versuchen wir es immer wieder, wie es sich für Mitglieder einer Akademie geziemt, durch interdisziplinäre Kommunikation, in schriftlicher und in mündlicher Form, und tragen wir diesen Diskurs auch hinaus in die Gesellschaft, damit sich Wissenschaft und Gesellschaft immer wieder begegnen und fähig bleiben, mit einander zu sprechen.

Literatur

Jürgen Audretsch, Verschränkte Welt – Faszination der Quanten, 2002
Eduard Jan Dijksterhuis, Die Mechanisierung des Weltbildes, 1956
Albrecht Fölsing, Galileo Galilei – Prozess ohne Ende, 1989
Werner Heisenberg, Werner: Sprache und Wirklichkeit in der modernen Physik, in: Sprache und Wirklichkeit, 1967
Steven Johnson, emergence, 2001

Bernhard Hassenstein

Plädoyer für die Umgangssprache – Definition, Injunktion, Konnotation

1. Einführung und ein einleitendes Beispiel

Für die gegenseitige Verständigung im Dialog zwischen Wissenschaft und Gesellschaft spielen nicht die wissenschaftlichen Fachsprachen die Hauptrolle, sondern die Umgangssprache. Sie ist für diese Aufgabe im Prinzip hervorragend geeignet; denn der Möglichkeit nach ist sie von beliebiger Präzision. Dieser Aussage widerspricht allerdings eine vielfach geäußerte Meinung: Im Vergleich zu den Fachsprachen sei die Umgangssprache vage, ungenau und schillernd. Dies soll im folgenden Beitrag sorgfältig besprochen werden. Dabei spielen die drei im Untertitel genannten Begriffe Definition, Injunktion (Begriff mit fließenden Grenzen) und Konnotation eine besondere Rolle. Die beiden ersten dieser Ausdrücke beziehen sich auf Wortbedeutungen, der dritte auf damit verknüpfte Wertungen.

Nach dem Duden-Bedeutungswörterbuch bezeichnet der Ausdruck Umgangssprache die Sprachform, die ein Sprach-Teilhaber in der täglichen mündlichen oder schriftlichen Kommunikation verwendet. Gleichbedeutende oder eng verwandte Ausdrücke sind Alltagssprache, Gemeinsprache, Standardsprache, Bildungssprache. Zur Verdeutlichung eignet sich auch die Formulierung „allgemeine Verständigungssprache".

Im Gegensatz zur Umgangssprache stehen die Fachsprachen. Beispiele sind (neben dem Jägerlatein) die eigenen Sprachen der verschiedenen wissenschaftlichen Disziplinen. Der spaßeshalber dafür gebrauchte Ausdruck „Fachchinesisch" weist darauf hin: Für den Nicht-Kenner sind die Fachsprachen mitunter so unverständlich wie das Chinesische für den Großteil der westlichen Bevölkerung. Dabei zählen zu den Nicht-Kennern der Fachsprachen nicht nur die wissenschaftlich nicht ausgebildete breite Bevölkerung, sondern jeweils auch die Wissenschaftler der anderen Disziplinen mit deren eigenen Fachsprachen. Daher ist die Umgangssprache die Brücke nicht nur zwischen Wissenschaft und Gesellschaft, sondern auch der Informationsträger zwischen unterschiedlichen Disziplinen innerhalb des Gesamtbereichs der Wissenschaften. Dies ist ein weiterer Grund dafür, der Umgangssprache große Aufmerksamkeit zu widmen.

Mein eigener diesbezüglicher Erfahrungshintergrund lässt sich folgendermaßen skizzieren: Die Beschäftigung als Biologe im Fachgebiet der Verhaltensbiologie des Kindes war von vornherein mit dem Anliegen verbunden, die in der Forschung gewonnenen Einsichten auch zur Anwendung im Dienste des Kindeswohls zu bringen. Dabei wirkte ich vor allem mit Kinderpsychologen und Kinderärzten zusammen. Die Arbeit zielte auch auf die Ausarbeitung eines allgemeinverständlichen Lehrbuchs,[1] sowie auf die Begründung und Durchführung eines landesweiten Betreuungsprogramms für alleinerziehende Mütter und ihre Kinder hin.[2] Es kam also darauf an, so zu formulieren, dass ich von Psychologen, Ärzten, Juristen, Lehrern, Sozialarbeitern, Politikern und vor allem auch von interessierten Eltern verstanden wurde. Zum Glück hatte ich erfahrene und gnadenlose Ratgeber und Kritiker, von denen ich das erforderliche Handwerk lernen konnte.

Als einführendes anschauliches Beispiel in das Thema dieses Beitrags soll der Begriff der Umwelt dienen, der sowohl in der Wissenschaft Ökologie wie in der Gesellschaft in übereinstimmender sachlicher Bedeutung etabliert ist, aber mit einer interessanten Vorgeschichte: Der noch heute wohlbekannte Schöpfer der „Umweltlehre", der Biologe Jakob von Uexküll (1864-1944), wollte seinen Zentralbegriff mit aller Entschiedenheit im Widerspruch zur umgangssprachlichen Wortbedeutung festlegen, und zwar auf dasjenige, was ein Organismus von seiner Umgebung wahrnimmt („Merkwelt") und worauf seine Reaktionen wirken („Wirkwelt"). Nach Uexküll schafft sich damit jede Tierart ihre eigene „Umwelt". Als Konsequenz aus dieser eigenwilligen Definition würden zwei an der selben Stelle lebende Tierarten bei verschiedener Sinnes-Ausstattung und Ernährungsweise zwei verschiedene „Umwelten" besitzen. Für das, was die damalige und heutige Umgangssprache mit dem Wort „Umwelt" ausdrückt, nämlich all das, was ein Lebewesen real umgibt, wollte er das Wort „Umgebung" festlegen. Aber tief enttäuscht – und seines eigentlichen Groß-Erfolgs als Begründer der Umweltlehre nicht gewärtig – stellte er schon 1913 fest: „Ich habe es versucht, für diese Welt, die das Produkt des Organismus ist, das Wort ‚Umwelt' einzuführen. Das Wort hat sich schnell eingebürgert, der Begriff aber nicht. Es wird jetzt das Wort ‚Umwelt' für die spezielle Umgebung eines Lebewesens in dem gleichen Sinne wie früher das Wort ‚Milieu' angewendet." Dies ist, wenn man in biologischen und allgemeinen Wörterbüchern und Lexika nachschaut, bis heute so geblieben. Es war eben stets, so lehrt die Erfahrung, ein aussichtsloses Unterfangen – auch für die bedeutendsten Philosophen und Naturwissenschaftler –, bei den Mitgliedern einer

---

[1] Bernhard Hassenstein, Verhaltensbiologie des Kindes, 1973, 6. Aufl., 2006.
[2] Helma Hassenstein, Das Programm „Mutter und Kind" Baden-Württemberg. Eine Hilfe für die alleinerziehende Mutter und ihr Kind. Der Kinderarzt 21, S. 37-41, 1990.

Sprachgemeinschaft die assoziative Verbindung zwischen einem Wort und seiner umgangssprachlichen Bedeutung durch seinen persönlichen Einfluss „umprogrammieren" zu wollen. Uexküll sah aber diesen Aspekt seiner Wortwahl nicht und beendete daher das obige Zitat mit dem Satz „Dadurch ist ihm (dem Ausdruck ‚Umwelt') sein eigentlicher Sinn verlorengegangen." Uexkülls Verdienst, dem modernen Umweltdenken damals einen unerhörten Entwicklungsschub gegeben zu haben, bleibt davon natürlich unberührt.[3]

Das eben geschilderte Beispiel ist für das allgemeine Thema „Wissenschaft und Gesellschaft" und das Spezialthema „Umgangssprache" darum besonders lehrreich und aufschlussreich, weil es den Konservatismus der Umgangssprache, ihren Widerstand gegen die Veränderung von Wortbedeutungen demonstriert, und dies an der Geschichte eines allgemeinverständlichen Wortes und Begriffs – Umwelt –, der heute wissenschaftlich, gesellschaftlich und politisch allgegenwärtig ist. Die umgangssprachlichen Wortbedeutungen sind übereinstimmend in die „inneren Computer" aller Mitglieder der Sprachgemeinschaft einprogrammiert und lassen sich darum nur unter ganz besonderen Umständen, und dann auch meist nur ganz langsam, umprogrammieren.

2. Heterogenes Kontinuum, Injunktion

Entscheidend für die sprachliche Verständigung ist es, dass die verwendeten Worte für den Sprecher (Schreiber) und den Hörer (Leser) dieselbe Bedeutung haben. Dies ist in der Regel unproblematisch, soweit das Feld der zu bezeichnenden Gegenstände durch innere Grenzen klar gegliedert ist – wie das Ensemble der chemischen Elemente durch die Unterschiede in der Anzahl der positiven Elementarladungen der Atomkerne. Der Begriff „Phosphor" ist eine klar begrenzte Definition. In weiten Bereichen hat aber die Welt, über die unsere Erfahrungswissenschaften ihren Interessenten Auskunft geben wollen, die Struktur eines *heterogenen Kontinuums,* und auf diesen Zusammenhang richten wir nunmehr unsere Aufmerksamkeit. Mit dem Ausdruck „heterogenes Kontinuum" ist gemeint, dass ein Gegenstandsfeld aus unterschiedlichen Phänomenen besteht, in sich also heterogen ist, dass aber zugleich alle Zwischenstufen zwischen den unterschiedlichen Gegebenheiten vorkommen, also ein Kontinuum vorliegt. Ein Beispiel für das Vorliegen eines heterogenen Kontinuums ist das Reich *der Farben.* Ein berühmtes heiteres Gegenstück dazu aus der Vergangenheit zeigt die Abbildung 1.

---

[3] Bernhard Hassenstein, Jakob von Uexküll (1864-1944), in: Jahn/Schmitt, M. (Hrsg.), Darwin & Co. Eine Geschichte der Biologie in Portraits, 2001, Band II, S. 344-364; Jakob Johann von Uexküll, Umwelt und Innenwelt der Tiere, 1921.

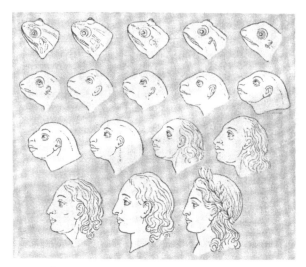

Abb.1: Übergangsreihe „Vom Frosch zu Apoll", nach Franz Gräffer (1785-1858), in der Fassung von W. Zimmermann [18]

Ein bestimmtes zweidimensionales (!) heterogenes Kontinuum tritt täglich in der Zeitung vor unsere Augen, die Luftdruckkarte. Die Isobaren kennzeichnen die fließenden Übergänge, das Gefälle zwischen den (theoretisch punktförmigen) Hoch- und Tiefdruck-Kernen. In anderen fließenden Übergängen, z. B. zwischen Metallen und Nichtmetallen, sind die Enden der Variationsreihe nicht durch jeweils eine einzelne Gegebenheit repräsentiert, sondern durch mehrere.

Damit erhebt sich die Frage: Ist ein heterogenes Kontinuum überhaupt ohne Informationsverlust sprachlich abzubilden? Diese Frage ist wichtig; denn im Bereich vieler Wissenschaften, vor allem in der Biologie und in allen Humanwissenschaften, finden sich fließende Übergänge zwischen unterschiedlichen Phänomenen auf Schritt und Tritt, so zwischen Pflanze und Tier; gesund und krank; jung und erwachsen; Tag und Nacht; Atmosphäre und Weltraum; Renaissance und Barock; Mundart und Sprache usw. In formaler Hinsicht ist das vieldimensionale heterogene Kontinuum sogar die allgemeinste und zugleich die informationsreichste Struktur, die im Bereich der Phänomene denkbar ist. Was ist zu tun, um ein Feld, das solche stetigen Übergänge enthält, begrifflich zu erfassen, wenn der zwischen Gegenstands- und Vorstellungswelt vermittelnde Informationsträger die gesprochene oder geschriebene Sprache ist?

Die Antwort ist auf Abbildung 2 abstrakt dargestellt.

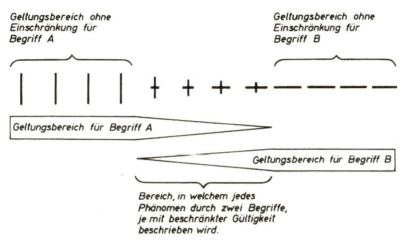

Abb.2: Eindimensionales heterogenes Kontinuum und seine Repräsentation durch Injunktionen. Aus [4] und [9]

Auf deren oberem Teil ist ein eindimensionales heterogenes Kontinuum zwischen zwei wesenhaft verschiedenen Alternativen dargestellt. Eine Komponente heiße „senkrecht", die andere „waagrecht". Links und rechts sind Bereiche uneingeschränkter Gültigkeit der beiden unvereinbaren Begriffe angedeutet. In der Mitte befindet sich ein echter Übergangsbereich: jedes Phänomen ist dort durch zwei Begriffe mit je beschränkter Gültigkeit zu bezeichnen. Die Gegenstände in diesem Übergansbereich sind – begrifflich gesehen – „Zwitter".

Was hat hier zu geschehen, wenn man die Begriffe festlegen will? Etwas Einfaches, aber zugleich für viele Wissenschaftler Ungewohntes; es ist auf der Abb.2 unter der Bezeichnung „Geltungsbereich" dargestellt: Jeder Begriff ist dort inhaltlich an ein bestimmtes Merkmal fixiert; im Gegenstandsfeld gilt er in dem Maße, in dem dort dieses Merkmal anzutreffen ist. Falls das Merkmal am Rand des Begriffsfeldes nicht schlagartig, sondern stetig fließend verschwindet, hat auch der Begriff dort eine entsprechende fließende Grenze.

Damit ist etwas durchgeführt, was für beschreibende Begriffe (sachgebundene Begriffsbildung) eigentlich selbstverständlich sein sollte: Der Begriff hat dasjenige, was man von einem Gegenstandsfeld weiß, in der wissenschaftlichen Terminologie zu repräsentieren. Daher ordnet man ihm die gleichen Eigenschaften (in Worten und Formeln ausgedrückt), also auch die gleiche Art der Abgrenzung gegen Nachbarbegriffe zu, wie sie das von ihm bezeichnete Gegenstandsfeld besitzt. Solch ein abbildender Begriff ist dann vollständig bestimmt, wenn man (1) alle voneinander unabhängigen (nicht auseinander ableitbaren) kennzeichnenden Merkmale und (2) deren Ausprägungen im

Innern des Begriffsfeldes und an den Übergängen zu den Nachbarbegriffen angibt.[4]

Als Beispiel für eine solche Begriffsbestimmung diene der Begriff der biologischen Funktion (im Unterschied zum mathematischen Funktionsbegriff). Die Begriffsbestimmung besteht aus zwei Sätzen, deren erster den Inhalt und deren zweiter den Gültigkeitsbereich feststellt: Das Wort Funktion bezeichnet in der Biologie die systemerhaltende Leistung eines Teiles innerhalb eines als Ganzheit zu betrachtenden dynamischen Systems. Der Begriff verliert seine Anwendbarkeit gegen die Begriffsgrenzen fließend mit dem Schwinden der Merkmale: systemerhaltend (im Gegensatz zu systemneutral oder systemzerstörend); Teil des Ganzen; und dem dynamischen Charakter des Systems.[5]

Als mir einst die Notwendigkeit von Begriffsbildungen mit fließenden Grenzen für die Biologie zum Bewusstsein kam, war mir zugleich klar, dass man auch in vielen anderen Wissengebieten unausgesprochen mit solchen Begriffen operiert. Ich konnte daher zunächst gar nicht glauben, dass diese Art von Begriffen noch keinen Namen erhalten haben sollte. Aber ich konnte trotz intensiver Suche nichts finden. Weil wir jedoch für den Eigengebrauch in der Biologie einen diesbezüglichen Ausdruck dringend benötigten, habe ich damals als junger Wissenschaftler einen vorläufigen Terminus für deskriptive Begriffe mit fließenden Grenzen vorgeschlagen: Injunktion, d. h. feste Verbindung, und zwar zwischen Gegenstandsfeld und Begriff.[6] Das neugebildete Wort sollte sofort wieder fallen gelassen werden, wenn ein – von mir damals mit Sicherheit vermuteter – früher geprägter Ausdruck für diesen alltäglichen Sachverhalt zutage treten würde. Wider Erwarten trat das aber nicht ein – im Gegenteil: Die Wortbildung Injunktion wurde von Philosophen aufgegriffen und durch Aufnahme in das Historische Wörterbuch der Philosophie in den heiligen Hain der philosophischen Terminologie aufgenommen, wo die Injunktion nun – zwischen den erhabenen Stichworten Initiation und Inkarnation – schüchtern den ihr angewiesenen Platz eingenommen hat.[7]

Wer im Anwenden von Injunktionen den Einbruch von Unbestimmtheit anstatt von Klarheit fürchtet, weil er nur scharfe Definitionen und die Mathe-

---

[4] Bernhard Hassenstein, Abbildende Begriffe. Verhandl. d. dt. Zool. Ges. 1954, 197-202. Neudruck in: Karl Steinbuch/Simon Moser (Hrsg.): Philosophie und Kybernetik, 1970.

[5] Bernhard Hassenstein, Über den Funktionsbegriff des Biologen. Studium Generale 2, 21-28, 1949

[6] Bernhard Hassenstein, Belastete Begriffe. Deutsche Universitätszeitung (Göttingen) vom 8.6.1951

[7] Bernhard Hassenstein, Injunktion, in: Ritter, J/Gründer (Hrsg.): Historisches Wörterbuch der Philosophie Bd. 4, 1976; Uwe Pörksen, Die Reichweite der Bildungssprache und das szientistische Selbstmißverständnis der Sprachwissenschaft, in: Kalvenkemper, H. und Weinrich, H.: Deutsch als Wissenschaftssprache. 25. Konstanzer Literaturgespräch, 1985, S. 129-142.

matik für präzise hält, fließende Grenzen aber für unpräzise, für den sei hinzugefügt: In den 60er Jahren hat der Mathematiker Zadeh die Mengenlehre dahingehend erweitert, dass er das Konzept der unscharf begrenzten Menge (fuzzy sets) [18] eingeführt hat. Seitdem kann man auch auf mathematischer Ebene untersuchen, welche logischen Operationen bei abgestufter Zugehörigkeit von Elementen zu verschiedenen Mengen möglich sind. [15,16]

Der Widerspruch zwischen der fließenden Variation in vielen Gegenstandsbereichen und der Forderung an „jede" wissenschaftliche Terminologie nach scharf begrenzten Begriffen ist von der frühen griechischen Philosophie an vielfach bemerkt und besprochen worden: von Philosophen, Psychologen, Soziologen, Rechtswissenschaftlern, Medizinern und vielen anderen.

Im Grunde handelt es sich um die Befolgung eines Appells des Aristoteles aus der Nikomachischen Ethik: „Der Gebildete treibt die Genauigkeit nicht weiter, als es der Natur des Gegenstands entspricht". Dem entspricht auch eine Formulierung des Psychologen Ph. Lersch: „Es wäre durchaus verfehlt, wollte man in dem Umstand, dass viele psychologische Begriffe nicht als Abgrenzungen, sondern als Akzentuierungen zu verstehen sind, einen Mangel an Klarheit und Prägnanz sehen... Ein Begriff kann sehr wohl die Grundforderung der Klarheit und Prägnanz erfüllen, ohne darum eine Grenze zu haben, die ihn in den logischen Raum einbaut." Ähnlich äußerte sich der Historiker Jakob Burckhardt: „Scharfe Begriffsbestimmungen gehören in die Logik, aber nicht in die Geschichte, wo alles schwebend und in beständigen Übergängen und Mischungen existiert." Für mich persönlich ist seinerzeit das Buch eines Juristen, „Die Bedeutung des Wortes" von K.O. Erdmann,[8] die eindrucksvolle, überzeugende, ausführliche Einführung in diesen Problembereich gewesen.

Eine extreme Folgerung, die angesichts der Gleichsetzung von wissenschaftlicher Denkweise und der Verwendung scharf begrenzter Begriffe gelegentlich gezogen wurde, lautete: Da man die fließende Variation der Wirklichkeit mit Hilfe scharf definierter Begriffe nicht wiedergeben kann, lasse sich die Wirklichkeit nicht wissenschaftlich begreifen. Ein Vertreter dieser Ansicht war der Philosoph Heinrich Rickert (1863-1936). Er schrieb: „Achten wir auf ein beliebiges, uns unmittelbar gegebenes Sein oder Geschehen, so können wir darin nirgends scharfe und absolute Grenzen, sondern durchweg nur allmähliche Übergänge finden. Wohin wir den Blick richten, finden wir eine stetige Andersartigkeit. Dies ist wichtig für die Frage nach der Begreiflichkeit der Realität. Weil sie in jedem ihrer Teile ein „heterogenes Kontinuum" ist, kann sie so, wie sie ist, in Begriffe nicht aufgenommen werden. Stellt man daher der Wissenschaft die Aufgabe einer genauen Reproduktion des Wirklichen, so tritt nur die Ohnmacht des Begriffes zutage, und ein absoluter Skeptizismus ist das

---

[8] Karl-Otto Erdmann, Die Bedeutung des Wortes. 4. Aufl., 1925.

einzig konsequente Ergebnis..." (gekürzt und in der Reihenfolge der Sätze verändert).[9] Hätte Rickert recht, so läge darin für die Naturwissenschaften wahrhaft ein Grund zur Resignation: In demjenigen Gereich, wo man (noch) nicht mit mathematischen Formeln arbeiten kann, sondern auf die Sprache als Verständigungsmittel angewiesen ist, wäre eine zuverlässige „Übersetzung" von Ergebnissen der Beobachtung in wissenschaftliche Begriffe unmöglich. Damit wäre auch jedes Erklären-Wollen in diesem Bereich zu prinzipieller Ungenauigkeit, damit aber zur Unzuverlässigkeit und Unverbindlichkeit verurteilt – für eine Naturwissenschaft ein niederschmetternder Richtspruch! Rickert hatte die Möglichkeit von Begriffen mit fließenden Grenzen nicht in Betracht gezogen.

3. Begriffsstruktur der Umgangssprache

Nach dieser Vorüberlegung können wir fragen: In welcher Form sind eigentlich die Beziehungen zwischen Worten und deren Inhalt (d. h. dem, was sie bedeuten) im Gedächtnis der Mitglieder einer Sprachgemeinschaft repräsentiert (gespeichert)? Die in unserem Zusammenhang wichtigste Teilantwort lautet: Soweit Gegenstandsfelder den Charakter eines heterogenen Kontinuums aufweisen, besitzen auch die zugehörigen Wortbedeutungen der Umgangssprache fließende Grenzen[10] und sind durch ihre Bedeutungs-Schwerpunkte oder Kernbereiche bestimmt, nicht durch ihre Begrenzungen.

Dies findet man beispielsweise beim Gebrauch der Bezeichnungen für Farben verwirklicht: Fassen wir – etwa im Spektrum der Regenbogenfarben – den kontinuierlichen Übergang von einer Farbe, etwa Grün, über die Zwischentöne zu einer benachbarten, etwa Gelb ins Auge, so bezeichnen wir die Zwischenstufen auch dann noch als Grüngelb, Gelbgrün oder grünliches Gelb usw., wenn darin eine der Farben weniger als die andere enthalten ist. Wir lassen also beim fließenden „Überblenden" von Grün zu Gelb nicht bei einer bestimmten Wellenlänge die Bezeichnung Grün sprungweise in die Benennung Gelb umschlagen, etwa sobald der Eindruck Gelb im Verhältnis zum Grün-Eindruck zu überwiegen beginnt; sondern die Sprache macht den Anteil einer Farbe so lange namhaft, als diese in einer Mischung überhaupt noch wahrnehmbar ist. Dies entspricht den Verhältnissen der Injunktion (Abb.2), nicht denen der Definition.

---

[9] Heinrich Rickert, Kulturwissenschaft und Naturwissenschaft, 1910, 6. und 7. Aufl. 1926
[10] Bernhard Hassenstein, Umgangssprachliche und wissenschaftliche Begriffsbildung in informationstheoretischer Sicht, in: Scharf/Kämmerer, Naturwissenschaftliche Linguistik, Deutsche Akademie der Naturforscher Leopoldina, 1981, S. 637-649.

Soweit – wie in diesem Fall – die Bedeutungen von Worten nicht durch die Grenzen der Bedeutungsfelder, sondern durch deren Schwerpunkte bestimmt sind, folgt daraus auch die Bedingung, unter der sich Missverständnisse einstellen: Wenn nämlich bei der Prägung oder Verwendung eines wissenschaftlichen Begriffes dessen Kernbereich anders festgelegt wird, als dies in der Umgangssprache der Fall ist, reden die Gesprächspartner aneinander vorbei.

Dies ist zur Zeit leider selbst bei fundamental wichtigen, auch für die Beziehung zwischen Wissenschaft und Gesellschaft bedeutsamen Begriffen der Fall, so dem der Information. Dem umgangssprachlichen Konzept – zu skizzieren durch die Ausdrücke Wortbedeutung, Übertragung durch sprachliche Zeichen, Empfang und Verstehen der Zeichen – entspricht zumindest einigermaßen der in der Biologie verwendete Fachbegriff, z.B. „genetische Information", kaum aber der von Claude Shannon definierte Zentralbegriff der Information als Wahrscheinlichkeitsmaß.[11]

Der Code der Umgangssprache hat die Struktur, dass seine Zeichen, die Worte, im Bedeutungszentrum präzise an einen bestimmten Inhalt fixiert sind und in ihren Randbereichen im Fall von fließender Variation der Merkmale im Gegenstandsfeld entsprechend der Ausprägung dieser Merkmale fließend an ihrer Bedeutung abnehmen. Hierdurch gewinnt die Umgangssprache die Fähigkeit zur Wiedergabe von Nuancen, die den Fachsprachen, sofern sie auf dem Postulat scharfer Begriffsgrenzen im Gegenstandsfeld bestehen, abgeht. Die Umgangssprache ist daher für die Wissenschaft kein notwendiges Übel, sondern, bewusst angewendet, der beste denkbare Code zur Speicherung und zum Austausch wissenschaftlicher Inhalte über Fachgrenzen hinweg und zur Information der Öffentlichkeit.

Aus allen vorangegangenen Erörterungen ergibt sich für die Wissenschaften ein beinahe sensationeller Lehrsatz: Die Umgangssprache ist nicht notwendigerweise vage, schillernd oder ungenau; das ist lediglich die ohne Könnerschaft gehandhabte Umgangssprache. Der Möglichkeit nach ist die Umgangssprache in der Darstellung der Wirklichkeit von beliebiger Präzision – aber nicht durch Bildung und Verwendung von Definitionen oder Abgrenzungen, sondern: Viele der Sprachbegriffe, die – durch das Sprechen miteinander – zum gemeinsamen Eigentum der Mitglieder einer Sprachgemeinschaft wurden, haben die morphologische Existenzform von Injunktionen. Das ist keine Schwäche sondern eine Stärke der Umgangssprache.[12]

---

[11] Bernhard Hassenstein, Was ist Information?, Naturwissenschaft und Medizin 3, 38-52, 1966.
[12] Bernhard Hassenstein, Wie viele Körner ergeben einen Haufen? Bemerkungen zu einem uralten und zugleich aktuellen Verständigungsproblem,. In: Peisl/Mohler (Hrsg.), Der Mensch und seine Sprache, 1979.

In einer Zeit, in der wissenschaftliche Aussagen immer mehr politischen Einfluss erhalten, ist auch die *interdisziplinäre* Verständigung von größter Bedeutung. Als gemeinsame Sprache kommt die Mathematik, wo diese aber nicht verstanden wird oder nicht anwendbar ist, die Umgangssprache in Frage. Aus dem bisher Gesagten ergibt sich die Forderung: Die Begriffe der Umgangssprache in ihrer Präzision zu *erhalten*, sie durch vollständige Angabe ihrer konstituierenden Merkmale zu *untermauern*, aber nicht durch operationale Definitionen oder ähnliches zu verändern. Es lässt sich zeigen, dass die Umgangssprache durch Neudefinitionen vorhandener Ausdrücke ihre Funktionsfähigkeit nicht verbessert, sondern vermindert oder einbüßt; sie ist auch als interdisziplinäres Verständigungsmittel unentbehrlich. „Verachtet mir die Umgangssprache nicht!"

4. Konnotation, wertender Akzent.

Für die Funktion der Sprache in der Begegnung zwischen Wissenschaft und Gesellschaft scheint auf den ersten Blick nur die sachliche Informations-Übermittlung beachtenswert zu sein. Aber mit zahlreichen Worten sind auch *Wertungen* fest verknüpft (Konnotationen). Dies spielt für das Thema dieser Abhandlung eine manchmal schwerwiegende Rolle.

Meine eigenen Wissensquellen hinsichtlich der Auswirkung der Konnotationen von sprachlichen Ausdrücken auf die Begegnung zwischen Wissenschaft und Gesellschaft waren zahlreiche Erfahrungen in den Jahren der unruhigen Studenten (1968 ff), ferner die Mitgliedschaft als Vertreter der Fächer Biologie im Wissenschaftsrat 1968-1972, der Vorsitz in der Regierungskommission „Anwalt des Kindes" Baden-Württemberg 1974-1981 und die Mitwirkung an der Planung und Begründung des Programms Mutter und Kind [12] durch das Sozialministerium Baden-Württemberg (ab 1974) und das engagierte Miterleben seiner praktischen Durchführung.

Von der Geburt an äußert der Säugling Laute, die seine innere Befindlichkeit kundtun, beginnend mit dem „ersten Schrei". Erst viel später nehmen Laute, Lautkombinationen und Worte zugleich auch Bezug auf Gesehenes, Gehörtes und auf sonstige Weise Wahrgenommenes. Die linguistische Bezeichnung „Konnotation", in freier Übersetzung „*zusätzliche* Bedeutung", nimmt also keinen Bezug darauf, dass der emotional wertende Aspekt der menschlichen Lautäußerungen in der Entwicklung *zuerst* in Erscheinung tritt und dass es in Wirklichkeit die Denotation (die sachliche Mitteilung) ist, die dann erst später „dazukommt".

Das Mitschwingen wertender Aspekte in der gesprochenen und geschriebenen Sprache ist den Mitgliedern unserer Sprachgemeinschaft in überaus unterschiedlichem Ausmaß bewusst. Im Folgenden werden darum für drei Bereiche, in denen sich Wissenschaft und Gesellschaft begegnen, Paare von *inhaltsgleichen* Worten bzw. Ausdrücken präsentiert, von denen jeweils dem ersten keine, dem anderen aber eine andere, und zwar negative, abwertende Konnotation anhaftet. Die letzteren Ausdrücke werden in polemischen Debatten angewendet, um die Gegenpositionen „madig zu machen".

Erster Bereich: Der informierende Vortrag

etwas betonen	es hochspielen
etwas übernehmen von	es abschreiben von
etwas nicht behandeln	es unterschlagen
etwas erklären als	es entlarven als
etwas wiederholen	gebetsmühlenartig wiederholen
etwas behaupten	sich zur Behauptung versteigen
Vermutung	Einbildung
gute Methode	Patentrezept
Konzentration aufs Wesentliche	Einseitigkeit
Lehre, wissenschaftliche Theorie	Dogma
frühere Theorie	Ladenhüter, Mottenkiste

Zweiter Bereich: *Eintreten für Werte* (z. B. in der Sozial- und Umweltpolitik)

Für Werte eintreten	sich als Schulmeister aufspielen
Verantwortungsbereitschaft	Sendungsbewusstsein
ernste Warnung	Schwarzsehen, Panikmache
Ausdruck ernster Sorge	Hysterie
Gefahrenabwehr	Weltverbesserer
charakterliches Vorbild	Musterknabe, Gallionsfigur
moralisch	moralinsauer
anständiger Kerl	Tugendbold

Dritter Bereich: *Menschliche Beziehungen* (z. B. in der Familienpolitik)

Bindung	Abhängigkeit, Unfreiheit
Vertrauen	Vertrauensseligkeit
Hilfsbereitschaft	sich einspannen lassen, Helfersyndrom
Unterstützung	Almosen verteilen, gebratene Extrawurst
Hausfrau	Nur-Hausfrau
Familie	Kleinfamilie
Mutter sein für meine Kinder	Kinder Küche Kirche
Harmonisches Miteinander	Friede Freude Eierkuchen
genügend Lehrer, um auf das einzelne Schulkind eingehen zu können	pädagogische Mund zu Mund-Beatmung

Besonders versteckt und selbst manchem Gebildeten unbewusst sind die Bedeutung und die Konnotation des Suffixes „...ismus". Dieses kennzeichnet primär eine ideologische Verabsolutierung und damit die prinzipielle Unvereinbarkeit mit Gegenpositionen. Dies wird deutlich an den Wortpaaren:

sozial	Sozialismus
liberal	Liberalismus
national	Nationalismus
neutral	Neutralismus
Rasse	Rassismus
fundamental	Fundamentalismus
populär	Populismus
weiblich	Feminismus

An diesen Beispielen wird deutlich: Die in den „Ismen" steckende Parteinahme bringt für die Befürworter eine positive, für die Gegner eine negative Konnotation mit sich. Das gilt nicht nur für politische, sondern auch für philosophische und wissenschaftliche Begriffe:

Ich	Egoismus
Materie, Material	Materialismus
Biologie	Biologismus
Leben	Vitalismus
Mechanismus als mechanische Anordnung	Mechanismus als Ideologie
Darwinismus als Alternative zum Lamarckismus	Darwinismus als politische Ideologie, vor allem als Sozialdarwinismus

Wenn mein Vater, Astronom, nach einer Nacht der Sternbeobachtung am nächsten Tag an seinen Schreibtisch ging, sagte er – zur Verwunderung seiner Söhne,– er wolle jetzt seine Beobachtungen „reduzieren". Er meinte damit deren Übertragung in die nächste Ebene der Abstraktion und den Versuch, mathematische Gesetzmäßigkeiten aufzudecken (im Fall meines Vaters: durchlaufende Frequenzen im Helligkeitswechsel unregelmäßig veränderlicher Sterne). Ein solches für die naturwissenschaftliche Forschung typisches Verfahren kann man in der Tat als „reduzieren" empfinden,– umgangssprachlich: Vermindern, Herausarbeiten des Wichtigen durch Wegschneiden des Unwesentlichen. Wenn Naturwissenschaftler es sich aber gefallen lassen, ja – sprachlich unsensibel – es sogar forcieren, dass ihre Forschungsmethode als *Reduktionismus* bezeichnet wird, so öffnen sie die semantischen Schleusen für deren Deutung als verdeckte Ideologie, etwa der Wertung entsprechend: vergleichende Anatomie, Ökologie, Pflanzen- und Tierkenntnis, Ethologie, alles schön und gut, aber als wirkliche Wissenschaft könne doch allein die *Reduktion* aller Vielfalt auf das Niveau der Molekularbiologie gelten. Derartige Wertungen, die sich in der Wortwahl ausdrücken und durch diese unterstützt werden, können erhebliche Auswirkungen auf die Wissenschafts- und Bildungspolitik haben, vielfach ohne dass sich die Verantwortlichen dessen bewusst sind, unter anderem in Debatten und zukunftsbestimmenden Abstimmungen von beratenden oder beschließenden Gremien und Ausschüssen.

Die Wortwahl vermag auch mit umgekehrten Vorzeichen zu wirken: An die Stelle von negativ besetzten Benennungen tritt verharmlosende, *verschleiernde Terminologie*. Für den militärischen Bereich kennen wir das aus weiterer und näherer Vergangenheit:

Rückzug	Frontbegradigung
Aufrüstung	Nachrüstung
Angriff	Vorwärtsverteidigung
Giftgastruppe	Desinfektionstruppe (im 1. Weltkrieg)

Besonders erfinderisch zeigte und zeigen sich die *Wirtschaft* und die *Wirtschaftspolitik* im Zusammenhang mit einem der schlimmsten Schicksale, die einen Menschen finanziell und in seinem Selbstwertgefühl treffen können, dem Verlust des Arbeitsplatzes, der Entlassung. Hier wird gesprochen von Freisetzen, Verschlankung, organisatorischer Straffung, Gesundschrumpfen, Abschmelzprozess, Personaleinsparung.

Eine wieder ganz andere Auswirkung von Konnotationen zeigte sich in der Gesellschaftspolitik der letzten Jahrzehnte, nämlich in Namensänderungen als Ausdruck einer angestrebten Mentalitätsänderung in der Öffentlichkeit.

Altersheim	→	Seniorenheim
unehelich (Mutter)	→	alleinerziehend
unehelich (Kinder)	→	Kinder nicht verheirateter Eltern
Hilfsschule	→	Sonderschule
Gefängnis, Zuchthaus	→	Haft
Randständig	→	benachteiligt
Trunksucht	→	Alkoholkrankheit

In diesen Änderungen wird zweierlei deutlich: Eine Tendenz zur Beseitigung und Ersetzung von Bezeichnungen, denen die Konnotation sozialer Minderwertigkeit anhaftet oder anzuhaften scheint; andererseits aber auch die bedeutende Einflussmacht, die manchmal allein von Konnotationen der Worte ausgeht und sich hier sogar bis in den Journalismus, in die Verwaltungssprache und in Gesetzestexte hinein ausgewirkt hat.

5. Praktische Konsequenzen

Im Vergleich zu vergangenen Zeiten wird der Wechselwirkung zwischen Wissenschaft und Gesellschaft gegenwärtig zunehmend mehr Bedeutung zugemessen. Der reinen, nicht sofort auf die praktische Anwendung zielenden Forschung wird sogar ein Ausdruck mit abwertender Konnotation zugeordnet: „Elfenbeinturm". In diesem abschließenden Abschnitt des Referats werden darum gewisse „praktische" Konsequenzen aus den vorangegangenen Darlegungen angedeutet. Sie sind zum Teil geprägt durch mein persönliches Anliegen, die Aussagen meines eigenen Fachgebiets, Vergleichende Verhaltensforschung und biologische Anthropologie, den Vertretern anderer Disziplinen sowie Verwaltungsfachleuten und Politikern nahe zu bringen. Die intensiv als innerer Auftrag empfundene Verpflichtung, dem Kindeswohl zu dienen, und das Bewusstsein, dass ungeschickte und Fehldeutungen begünstigende umgangssprachliche Formulierungen den angestrebten Erfolg zunichte machen könnten, spornte zu bedingungsloser Anstrengung an, hier keine Fehler zu begehen.

Einige Grundsätze (die sich eigentlich von selbst verstehen) waren folgende:

– Ich muss mein Fachwissen in den Code der Umgangssprache übersetzen.
– Umgangssprachliche Worte muss ich in derjenigen Bedeutung verwenden, die ihnen in der Umgangssprache zukommt.
– Ich muss Fachausdrücke durch umgangssprachliche Ausdrücke ersetzen, wo es solche gibt.
– Ich habe jedoch Fachausdrücke dort zu verwenden bzw. neu einzuführen, wo die Umgangssprache über kein Wort für den zu benennenden Tatbestand verfügt.
– Ich muss auf Fachausdrücke verzichten, die in meiner Fachsprache etwas anderes bedeuten als in der Umgangssprache.

Wird ein neuer Fachausdruck aus Anteilen der Umgangssprache und /oder einer Fachsprache zusammengesetzt, so muss der bisherige Assoziationsgehalt der Ausdrucks-Anteile berücksichtigt werden. Widersprechen einander die wissenschaftliche Definition und der mitgebrachte Assoziationshintergrund, so darf sich der Wissenschaftler über unausrottbares Missverstehen seiner Aussagen nicht wundern.

Ich gebe zu: Es ist mitunter recht unbequem und zeitraubend, immer wieder in einem Wörterbuch der deutschen Sprache nachzuschlagen, ob man den am genauesten treffenden Ausdruck gefunden hat. Dazu klingt das Gesagte oder Geschriebene dann schließlich mitunter so selbstverständlich, dass es nicht mehr den Prägestempel einer wissenschaftlichen Aussage zu tragen scheint.

Meinen Schülern habe ich jedoch bei Dutzenden von Gelegenheiten gesagt: Der Wissenschaftler trägt kaum je eine größere Verantwortung gegenüber der Nachwelt, als wenn er einen neu aufgetauchten Tatbestand mit einem neuen oder neu definierten wissenschaftlichen Fachausdruck zu belegen hat. Hierbei entscheidet er über das Auftreten oder Vermeiden ermüdender Schwierigkeiten und Missverständnisse und über die Kommunizierbarkeit und Lernbarkeit des betreffenden Stoffes im interdisziplinären Gespräch und in der akademischen Lehre für die Studenten.

Was die im Kapitel D besprochenen *wertenden Akzente* (Konnotationen) von Worten und Ausdrücken angeht, so seien hier nur zwei Gesichtspunkte in Form von *Anregungen* herausgegriffen: Wer in der Gesellschaft als Wissenschaftler auftritt, soll versuchen, jede akzentbehaftete Terminologie und Ausdruckweise als solche zu erkennen und selbst strikt zu vermeiden. Dies fällt schwer, wenn man in der aktuellen Öffentlichkeit die emotionale Wirksamkeit und Beifalls-Auslösung durch wertende, besonders durch herabsetzende Äußerungen gegenüber den Meinungsgegnern, beobachtet. Aber hier steht unsere Glaubwürdigkeit als Wissenschaftler auf dem Spiel. Und zweitens der Ratschlag: Spürt man als Leiter oder auch nur Teilnehmer einer Diskussion das leiseste Anklingen abwertender Terminologie, so sollte man dies sofort – bei Unterbrechung des gerade laufenden gedanklichen Geschehens – als solches ansprechen und es – selbst unpolemisch, ja verständnisvoll reagierend – als ungünstig für den Gesprächsverlauf bewusst machen. Dies kann Erfolg haben. Der dafür erforderliche Zeitaufwand lohnt sich dann im Vergleich zu der sonst eventuell drohenden Eskalation, die womöglich sogar ein Ergebnis unmöglich macht.

6. Schlussgedanken

Ob wissenschaftliche Aussagen im interdisziplinären Gedankenaustausch, im akademischen Unterricht oder in der Öffentlichkeit tatsächlich *Verständnis* gefunden haben, lässt sich in vielen Fällen weder für die betreffende *Gegenwart* noch *nachträglich* einigermaßen sicher beurteilen. Soweit jedoch mir selbst dergleichen beschieden sein sollte, hing dies unter anderem mit dem Versuch der Beachtung folgender Gesichtspunkte zusammen:

Wertschätzung der bewusst gehandhabten Umgangssprache als Mittel der Wahl für die interdisziplinäre Verständigung und für den Kontakt zwischen Wissenschaft und Gesellschaft.

Begriffsbestimmung und -festlegung, bevorzugt durch Festhalten der Bedeutungs-*Schwerpunkte,* höchstens in Sonderfällen durch Begriffs-Grenzen (Definitionen im engeren Sinne).

In den Gegenstandsbereichen vom Charakter des heterogenen Kontinuums: Verzicht auf scharfe Grenzen von Begriffen gegen ihre Nachbarbegriffe; statt dessen Anerkennung und Charakterisierung der stetigen Übergänge zu den umgebenden Begriffen.

Darlegung der begrifflichen Schwerpunkte nicht unbedingt durch ein einziges, sondern – im Einklang mit dem Gebrauch der Umgangssprache – durch alle kennzeichnenden, voneinander unabhängigen Merkmale.

Aufmerksamkeit für wertende oder wertungsbesetzte Konnotationen von Worten und Ausdrücken und deren strenges Vermeiden sowohl im interdisziplinären Gedankenaustausch als auch im Kontakt zwischen Wissenschaft und Gesellschaft.

7. Zusammenfassung

Die Begegnung zwischen Wissenschaft und Gesellschaft, also ihr Dialog, vollzieht sich überwiegend nicht in den Fachsprachen, sondern in der Umgangssprache. Deren Aufgabe, die wechselseitige Übermittlung von Information, scheint auf den ersten Blick leicht zu erfüllen zu sein: Abbildung („Codierung") von Gegebenheiten in die Sprache; deren Übertragung in gesprochenen Worten oder schriftlich vom jeweiligen Sender zum Empfänger; und schließlich beim Empfänger das Verstehen des Inhalts der Botschaften („Decodierung"). Aber zwei Umstände, deren Besprechung das Haupt-Anliegen der folgenden Erörterung darstellt, werfen in diesem Prozess besondere Probleme auf; erstens: Die Sprache besteht aus Worten, die scharf voneinander unterschieden sind, wie beispielsweise rot, gelb, grün, blau, muss aber vielfach die Information übermitteln über Bedeutungsfelder, die durch *fließende Übergänge* charakterisiert sind; und zweitens: mit vielen Worten der Umgangssprache ist nicht nur ihre sachliche Bedeutung (Denotation) verknüpft, sondern unauflöslich auch eine manchmal intensive, manchmal eher versteckte Komponente der *Wertung* (Konnotation). Beides beeinflusst die durch die Sprache vermittelte Beziehung zwischen Wissenschaft und Gesellschaft nachhaltig.

Literatur

Karl-Otto Erdmann, Die Bedeutung des Wortes. 4. Aufl., 1925
Bernhard Hassenstein, Über den Funktionsbegriff des Biologen. Studium Generale 2, 21-28, 1949
Bernhard Hassenstein, Belastete Begriffe. Deutsche Universitätszeitung (Göttingen) vom 8.6.1951

Bernhard Hassenstein, Abbildende Begriffe. Verhandl. d. dt. Zool. Ges. 1954, 197-202. Neudruck in: Steinbuch, K. und Moser, S. (Hrsg.): Philosophie und Kybernetik, 1970

Bernhard Hassenstein, Was ist Information?, Naturwissenschaft und Medizin 3, 38-52, 1966

Bernhard Hassenstein, Verhaltensbiologie des Kindes, 1973, 6. Auflage, 2006

Bernhard Hassenstein, Injunktion. In: Ritter, J. und Gründer, K. (Hrsg.): Historisches Wörterbuch der Philosophie, Bd. 4., 1976

Bernhard Hassenstein, Wie viele Körner ergeben einen Haufen? Bemerkungen zu einem uralten und zugleich aktuellen Verständigungsproblem. In Peisl, A. und Mohler, A. (Hrsg.), Der Mensch und seine Sprache, 1979

Bernhard Hassenstein, Umgangssprachliche und wissenschaftliche Begriffsbildung in informationstheoretischer Sicht, in: Scharf, J.-H. und Kämmerer, W.: Naturwissenschaftliche Linguistik, 1981, S. 637-649

Bernhard Hassenstein, Interdisziplinäre sprachliche Verständigung. Freiburger Universitätsblätter 30, Heft 113, 1991, S. 53-66

Bernhard Hassenstein, Jakob von Uexküll (1864-1944), in: Jahn, J. und Schmitt, M. (Hrsg.): Darwin & Co. Eine Geschichte der Biologie in Portraits, 2001, Band II, S. 344-364.

Helma Hassenstein, Das Programm „Mutter und Kind" Baden-Württemberg. Eine Hilfe für die alleinerziehende Mutter und ihr Kind. Der Kinderarzt 21, S. 37-41, 1990

Uwe Pörksen, Die Reichweite der Bildungssprache und das szientistische Selbstmißverständnis der Sprachwissenschaft, in: Kalvenkemper, H. und Weinrich, H.: Deutsch als Wissenschaftssprache. 25. Konstanzer Literaturgespräch, 1985, S. 129-142

Heinrich Rickert, Kulturwissenschaft und Naturwissenschaft, 1910, 6. und 7. Aufl. 1926

Burghard Rieger, Unscharfe Semantik natürlicher Sprache. Zum Problem der Repräsentation und Analyse vager Wortbedeutungen, in: Scharf, J. H. und Kämmerer, W.: Naturwissenschaftliche Linguistik, 1981, S. 251-276

Burghard Rieger, Unscharfe Semantik. Die empirische Analyse, quantitative Beschreibung, formale Repräsentation und prozedurale Modellierung vager Wortbedeutungen in Texten, 1989

Jakob Johann von Uexküll, Umwelt und Innenwelt der Tiere, 1921

Lotfi A. Zadeh, „Fuzzi Sets". Information and Control 8, S. 338-353, 1965

Walter Zimmermann, Evolution, 1953

Autorenverzeichnis

Wolfgang Raible, Professor für Romanische Sprachwissenschaft, Freiburg

Ludwig Eichinger, Professor für Germanistische Linguistik, Mannheim

Hans Günter Dosch, Professor für Theoretische Physik, Heidelberg

Otfried Höffe, Professor für Philosophie, Tübingen

Norbert Lammert, Professor, Präsident des Deutschen Bundestages, Berlin

Paul Kirchhof, Professor für Öffentliches Recht, Heidelberg

Peter Graf Kielmansegg, Professor für Politische Wissenschaft, Mannheim

Hans Mohr, Professor für Biologie, Freiburg

Josef Honerkamp, Professor für Theoretische Physik, Freiburg

Bernhard Hassenstein, Professor für Biologie, Freiburg